Aimer et se le Dire

Jacques Salomé
Sylvie Galland

Aimer
et se
le Dire

FRANCE LOISIRS
123, boulevard de Grenelle, Paris

Une édition du Club France Loisirs, Paris,
réalisée avec l'autorisation des Éditions de l'Homme

© 1993, Les Éditions de l'Homme,
une division du groupe Sogides
ISBN : 2-7242-7855-0

Avertissement

Au-delà de la communication sexuelle, c'est de relation amoureuse que nous avons voulu parler. Une relation s'inscrit dans la durée, et non dans l'éternité; son temps de vie varie selon les conditions, l'évolution et les aléas du lien.

La rencontre choisit parfois des lieux et des moments qui paraîtront incongrus à l'un ou à l'autre des partenaires, ou aux deux. La première vision, les paroles du début, le mouvement initial vers l'autre vont constituer la pierre angulaire d'un édifice extraordinairement complexe. Car l'amour invite, sinon contraint, à des mutations, à des changements accélérés, à une intensification soudaine de la vie. Il nous bouscule et nous fait basculer dans la nouveauté.

Attirance ne signifie pas rapprochement. Pour que des échanges s'instaurent, il faut déjà se repérer, savoir s'apprivoiser dans un dédale de permissions et d'interdits, d'audaces et de réticences. Les premiers regards ne sont pas nécessairement aimants, ils peuvent être appelants, invitants ou défensifs.

Est-ce la beauté de l'autre ou tel signe infime émis par lui, qui nous traverse jusqu'à mobiliser ou paralyser un espace de vie en nous?

Voir l'autre dans une dimension esthétique, la voir belle, le voir beau, quels que soient ses traits, préside en grande partie au choix amoureux, dans la recherche de cette partie de soi-même dont nous sommes toujours orphelins.

Dans notre culture, où les sentiments se disent peu, «Je t'aime» apparaît comme une expression magique qui ouvre les portes de l'imaginaire. Elle peut aussi les clore.

Introduction

Depuis plus de vingt ans, nous écoutons l'un et l'autre, ensemble ou séparément, des hommes et des femmes de tous âges parler de leur vie amoureuse. Ils évoquent leurs découvertes, leurs désirs et leurs plaisirs. Mais leur parole tâtonnante exprime aussi le désarroi, les doutes, la confusion, les blessures, et parfois la désespérance.

Leurs interrogations sont émouvantes, passionnantes, et toujours actualisées dans des témoignages sensibles et percutants. Nous tentons avec eux de clarifier leur recherche intime, mais aussi de la prolonger, de l'amplifier pour l'inscrire dans un changement possible au présent de leur vie.

Nous avons l'impression que l'indicible, l'absence d'une parole vitalisante et personnalisée, règne plus lourdement encore dans la communication sexuelle que dans toute autre relation.

Ce qui manque le plus, ce n'est pas le sexe, même s'il est défaillant, ce sont les mots pour rapprocher, relier, intensifier et éclaircir les différents langages mis en jeu dans la rencontre sexuelle, dans la relation entre un homme et une femme.

Ce livre n'a rien d'un ouvrage de sexologie; il est une tentative d'évoquer et d'explorer, par des réflexions, des textes poétiques de Jacques Salomé, et des témoignages, le champ obscur et infini de la communication amoureuse. Il propose d'oser nommer le plus intime de nos souffrances, de nos élans et de nos émerveillements, et par là, de nous réunifier et d'augmenter notre présence à nous-mêmes et à l'autre.

Les témoignages présentés à la fin de chaque chapitre sont autant de cadeaux reçus au cours de stages, d'entretiens ou de rencontres épistolaires. À l'exception des extraits de lettres, c'est nous qui avons retranscrit ce que nous avons entendu, en utilisant un «je» qui dit à la fois notre proximité et notre désir de respecter l'esprit de l'expression personnelle de chacun.

Envers celles et ceux qui nous ont confié les récits de leurs amours, notre gratitude s'accompagne d'émotion et de tendresse.

I

Langage des désirs

Le premier des langages, dans la communication sexuelle, est le langage des désirs. Mais sait-on vraiment ce qu'est le désir sexuel? Nous l'éprouvons parfois, et parfois il nous fuit. Nous ignorons ce qui fait qu'il est là, impérieux, timide ou intense, ou pourquoi il se dérobe.

Le désir sexuel garde toujours un goût de mystère. Il émane d'un terreau auquel notre conscience n'a pas accès. Il puise à des sources archaïques si profondes qu'il nous renvoie certainement à une dimension inaccessible ou insupportable de notre condition humaine.

Étrange désir. Comment peut-il être si présent, si puissant à un moment donné d'une relation et par la suite se diluer, disparaître même?

Parfois il revient, et parfois pas, perdu à jamais dans une séquence de la vie d'un homme ou d'une femme, dans la vie d'une relation. Oui, il nous arrive d'être absents de désir comme une rivière asséchée qui, hier encore, était un torrent impétueux et aujourd'hui devient chaos de galets, ruisselet, marigot.

Nous n'avons que très peu de pouvoir sur le désir. Je ne peux commander ni le mien, ni celui de l'autre.

«Le désir n'en fait qu'à sa tête. Je ne peux prévoir
l'apparition de fines perles de rosée surgissant soudain

au bout de mes seins et vivifiant ma poitrine à l'attente d'une caresse.»

«J'étais désespéré chaque fois que mon désir ne répondait pas en écho à ses désirs à elle. Je me sentais comme anormal...»

«Lui semble avoir un désir permanent et je me sens coupable de ne pas avoir le même...»

C'est une épreuve douloureuse que de découvrir que nous n'avons pas de moyens d'agir par la volonté sur notre désir, et encore moins sur le désir de l'autre.

Certains partenaires gardent le rêve archaïque de croire, d'imaginer que leur désir est suffisamment puissant pour provoquer celui de l'autre. Avec parfois, ou souvent, une accusation de mauvaise foi, de mauvaise volonté ou de non-amour quand ce désir n'est pas présent. Comme si le désir était susceptible de se manifester à volonté, à la demande de soi-même... ou de l'autre.

Oui, s'apercevoir que nous n'avons aucune prise sur le désir ou le non-désir d'un être aimé est une découverte éprouvante, chargée d'angoisses et de violences incompréhensibles. Il peut y avoir bien sûr des attitudes, des conduites et des paroles favorisant l'éveil du désir... quand il est là. Il peut même y avoir parfois une forme de magie communicative, quand il n'est pas trop loin.

Comme il peut y avoir des gestes, des comportements ou des attitudes qui l'inhibent, quand il est là, prêt à s'éveiller ou à surgir dans l'espace ou l'intimité d'une rencontre.

Je ne peux pas dicter à mon désir quand et comment il doit survenir; je ne peux guère expliquer ou justifier son absence ou sa présence, mais quand il advient, je peux déjà essayer de le reconnaître, de l'écouter. Je peux entendre ce que, torrent ou ruisselet, il me révèle de moi. Je peux accepter d'entrer dans l'intense du désir, ou lui résister.

Je peux être attentif à son mouvement, à la direction que prend son énergie: ai-je un désir sur l'autre, ou un désir vers l'autre?

Un désir sur l'autre

Le désir sur l'autre est un mouvement qui part de l'envie de pouvoir me servir de mon partenaire pour mes besoins personnels. J'ai le désir d'utiliser ce corps vivant pour soulager la tension en moi, pour me donner du plaisir, pour étancher une soif. Ce désir qui me tire parfois hors de moi est porteur d'une exigence envers moi-même, car il est de l'ordre du besoin. Il peut être porteur d'une exigence encore plus grande envers l'autre si je le jette sur lui. Il peut devenir impérialiste et terroriste lorsque je tente de l'imposer à l'autre.

Combien sont tentés de culpabiliser: «Si tu m'aimais vraiment tu aurais du désir.» Ou encore de forcer, de convaincre: «Laisse-moi faire, je vais m'occuper de ton désir.»

Le terrorisme relationnel commence quand l'un des partenaires tente par la force physique, par la contrainte morale, par la culpabilisation, d'imposer son désir à l'autre. Il y a des phrases terribles qui circulent alors.

«Tu n'es pas normale, tu es frigide.»

«Tu n'es pas un homme si tu n'es pas capable d'avoir du désir pour ta femme.»

Le désir sur quelqu'un semble peu tenir compte du désir de l'autre. Cela risque de mal se passer, car son désir à lui ou sa disponibilité n'aura peut-être pas le temps ni l'espace nécessaires pour éclore. Le désiré a besoin de respecter son propre rythme, d'apprivoiser l'approche, de se sentir confirmé.

Le désirant trop souvent a besoin de tenir la participation de l'autre pour acquise, de ne pas s'en préoccuper, comme le petit enfant ne s'inquiète pas de la disponibilité de sa mère quand il lui est urgent de recevoir d'elle, et d'elle seule, consolations, câlins ou aide. Et parfois, miracle, l'autre est réceptif, il peut accueillir le besoin, lui donner une réponse, lui offrir son corps avec l'immensité de son intimité. Il peut s'abandonner à ce désir envers lui dans la confiance de l'amour, dans la tendresse, pour faire plaisir.

Mais le plus souvent un tel désir risque d'être ressenti comme menaçant et fera fuir le partenaire. Ou alors, si le demandeur insiste, s'il fait le cirque de la bouderie ou de la supplication, il obtiendra peut-être une réponse du type «Bon, si tu veux». Mais il y a fort à parier que cela ne se passera pas impunément, sans conséquences. Celui qui accepte une relation alors que ce n'est pas son vrai désir devient en conflit avec lui-même. Son corps tentera peut-être de le dire quelques jours plus tard, par des inflammations, des cystites, des migraines, un lumbago.

Le corps parle chaque fois qu'un désir ou une absence de désir n'a pas pu s'énoncer ou se faire entendre clairement. Le corps parle quand il ne se sent pas respecté par son principal occupant: soi-même. Il est important de rappeler que de nombreuses somatisations sont des signaux amicaux envoyés par notre corps pour nous avertir, pour nous alerter si nous ne le respectons pas.

La communication sexuelle sera en ce sens le creuset de beaucoup de somatisations et de passages à l'acte somatiques, si elle n'est pas reliée à un accord profond entre son propre désir et les désirs de l'autre.

Un désir vers l'autre

Le désir vers l'autre est un mouvement différent; il instaure une autre dynamique relationnelle.

La présence de l'autre éveille un élan tendre et généreux en moi, me vivifie, amplifie mes émotions, aiguise mes sensations, me rend réceptif et sensible. Le désir en soi est joie, vibration vitale, expansion de l'être.

Mais le propre du désir amoureux est d'appeler la rencontre de deux désirs. Je désire le désir de l'autre. Mon attention est aspirée vers lui, vers ce qu'il est, mais aussi vers la façon dont il va recevoir mon désir. Je capterai les signes de son ouverture ou de son indifférence. Je deviendrai offrant, proposant, espérant, mais non plus exigeant.

Le désir amoureux est un mouvement merveilleux, fabuleusement dynamique quand il s'inscrit dans un cycle de réciprocité, quand il s'accomplit dans l'offrande et le don mutuel.

Parfois, c'est le besoin impérieux de se sentir désirant qui empêche la réceptivité, qui mène au refus, à la peur de n'être qu'un objet sans initiative.

«Son désir vers moi était si constant et si fort que je ne parvenais plus à m'écouter moi-même. Mon désir n'avait pas d'espace où éclore. C'est seulement dans les rares moments où il semblait être sans désir que je sentais sourdre le mien.»

Comme si dans ce type de relation, il n'y avait pas de place pour deux désirs.

Le désir vers l'autre conjugue une double aspiration, il recherche une quadruple position: que chacun soit à la fois un sujet désirant actif et un objet désiré réceptif. Complétude miraculeuse, qui souvent ne se combine pas.
Pour certains, c'est le besoin d'être désiré, de se sentir désirable et aimable qui reste prédominant.

Telle femme s'efforcera avant tout d'être attirante, et sans se vivre réellement comme un sujet désirant, elle se nourrira du désir de l'autre, et s'appliquera à alimenter le désir... chez l'autre. Si bien qu'elle ne saura peut-être plus où se trouve son propre désir, que ce soit dans le domaine sexuel ou dans d'autres registres, si elle a épousé les intérêts de son partenaire et a œuvré pour eux, parfois une vie durant.

Tel homme, préoccupé surtout d'être séduisant, met ainsi l'accent sur son désir d'être désiré. Il est séductible dans la mesure où c'est le désir de l'autre qui prime, qui suscite sa réponse à lui, et détermine la qualité de la relation qu'il proposera... ou refusera.

Celui qui sera vu comme le séducteur, au contraire, se présente à la fois comme porteur de désirs et d'une volonté de définir la relation. Il ne recherche pas tant le désir propre de l'autre que son consentement, sa soumission ou même sa dévotion.

Réponses aux désirs

Au désir manifesté par l'un des partenaires, il y a trois réponses possibles:
- l'autre a un désir semblable;
- l'autre a un désir différent tourné vers le partenaire;
- l'autre a un désir différent qui n'est pas tourné vers le partenaire.

Désir semblable

La première possibilité, la réponse la plus souhaitée, c'est que l'autre ait un désir semblable, ce qui ne veut pas dire identique, mais plutôt complémentaire, ou correspondant à la dynamique intime de la rencontre. Le désir féminin et le désir masculin ne sont d'ailleurs ni interchangeables ni semblables, nous y reviendrons.

Si l'autre a un désir correspondant, les partenaires pourront développer les autres langages de la communication sexuelle.

Désir différent tourné vers le partenaire

Si le désir de l'autre est différent, il risque d'être entendu, au premier abord, comme une absence de désir. Il sera peut-être très difficile d'admettre qu'un désir moins sexuel a autant de valeur qu'un désir sexuel.

Seul le «non», exprimé de façon directe ou indirecte, sera entendu et il sera vécu comme un rejet, comme un refus de la personne du désirant. Si celui-ci se sent trop blessé sur un plan narcissique et s'enferme dans la frustration de n'avoir pas reçu la réponse espérée, il ne sera pas accessible aux autres langages de la rencontre sexuelle qui pourraient prendre le relais. Il semble très difficile de comprendre que «non, pas maintenant, je n'ai pas envie» ne signifie pas forcément «je ne veux rien de toi ou avec toi».

Dans la mythologie personnelle de beaucoup, le désir sexuel est proportionnel à l'amour.

Bien des couples se privent des plaisirs multiples attachés à la rencontre des corps au nom de l'absence de désir sexuel de l'un ou l'autre. Tout se passe comme si la primauté donnée au désir sexuel excluait ou rejetait les autres désirs, et conséquemment les autres partages.

> «Mon mari sait que lorsque j'ai mes règles, je
> ne veux pas faire l'amour. Alors, ces jours-là, rien
> ne se passe entre nous. Moi pourtant j'aurais envie
> d'un corps à corps sensuel, je suis particulièrement
> sensible, j'aimerais des caresses, un partage, mais je
> n'ose pas en prendre l'initiative puisque cela n'ira
> pas jusqu'au bout.»

La peur de frustrer l'autre par un «non-aboutissement» freinera considérablement tous les autres possibles de la rencontre sexuelle.

Nous pouvons aussi entendre chez cette femme la croyance que son mari est incapable de contrôler son désir ou de supporter une frustration, ou encore de transformer un désir sexuel en sensualité différente. Dans un pseudo-respect de l'autre, elle n'énonce pas son désir à elle.

> «Je ne vais pas prendre le risque de susciter chez
> lui un désir que je ne satisferai pas.»

Elle pense et décide pour lui, tout cela en silence, bien sûr. Elle part de l'idée que, pour lui, le désir est inséparable de sa réalisation.

Effectivement, celui qui est porteur d'une seule forme de désir et qui ne peut pas le détacher de sa satisfaction est enfermé dans un modèle réductif et frustrant de la rencontre sexuelle.

Il est impuissant[1]. Il n'est pas capable d'entrer dans la gamme des autres désirs possibles, de déployer son énergie désirante vers d'autres champs de plaisirs et de rencontre.

---

1. Cette expression, paradoxale, peut en choquer beaucoup. Le désirant qui manifeste puissamment, impérativement parfois, son désir sexuel est effectivement impuissant à vivre d'autres plaisirs à deux, impuissant à modifier ses attentes et sa réceptivité.

S'il peut ne pas s'enferrer tout de suite dans la décep-
tion, s'il a un peu d'espace intérieur par rapport à son désir,
il lui sera possible d'entendre le désir différent de son partenaire. Et ce désir parfois le concerne, il est aussi tourné vers
lui. Le mouvement des désirs contient une charge d'énergie
positive qui peut être bienfaisante... pour les deux, quand ils
sont ouverts à la recevoir.

«Elle n'a pas ce soir le désir de faire l'amour,
mais elle aimerait parler avec moi, débattre d'un sujet qui la préoccupe, ou m'écouter. Elle a peut-être
passé sa journée avec les enfants et elle a envie d'un
dialogue d'adultes. Ou elle veut peut-être se co-
conner contre moi sans que tout de suite mes mains
se posent sur d'autres parties de son corps.»

«Son désir sexuel n'est pas présent au rendez-
vous sollicité, aujourd'hui, mais il aimerait de la
tendresse, ou écouter du Mozart contre moi, ou regarder un film en me tenant la main, ou me raconter
ses rêves, ou regarder les étoiles, ou lire ensemble...»

«Si les désirs pouvaient s'énoncer, peut-être
me dirait-il simplement: "J'ai envie d'être là pour
moi, avec mes pensées, près de toi, simplement là
pour moi avec toi."»

Dans la relation intime une des choses les plus difficiles
à apprendre est de positionner son propre désir du moment.
Cela suppose être capable premièrement de le reconnaître,
puis de le respecter, puis de l'énoncer[2].

---

2. Il y a quelques années, nous avons inventé le jeu des désirs. Il s'agit
d'une symbolisation à l'aide de boules de couleurs, pour visualiser les désirs possibles en présence et leurs combinaisons éventuelles.
Nous proposons de représenter chaque désir par une boule de couleur.
Boule rouge: désir sexuel vers l'autre.
Boule blanche: non-désir sexuel, signifiant clairement à l'autre: «Je suis
dans la non-appétence sexuelle en ce moment.»

Reconnaître son propre désir n'est pas aisé dans le jeu d'influences et d'interactions d'un couple, dans les enjeux contradictoires des fidélités multiples.

«Le désir de l'autre peut stimuler le mien ou pas. Il peut rejoindre mon besoin de tendresse, seulement de tendresse, qui peut-être deviendra plus tard un désir plus érotisé. Mon envie de lire peut faire place à un intérêt pour ce que l'autre a à me dire...»

Le propre d'une rencontre, c'est de créer de l'imprévisible.

Dans la mouvance des désirs, il y a aussi quelquefois un grand désir de faire plaisir, de ne pas être décevant[3], de laisser surgir la fantaisie, l'inattendu.

Respecter mon désir ou mon non-désir, quel qu'il soit, c'est ne pas le juger, ni le considérer comme inférieur à celui de l'autre, ou moins important. Tout désir, qu'il soit réalisable ou pas, a droit à son existence.

Énoncer son désir au présent est donc une entreprise beaucoup plus compliquée qu'il n'y paraît au premier abord. C'est parfois courir le risque de déplaire, d'être jugé, de recevoir une réaction négative de l'autre. C'est s'exposer au danger d'être blessé à l'instant où je dévoile le plus vulnérable de moi, au moment où j'ose offrir et demander.

Boule bleue: autre désir qu'un désir sexuel mais à vivre avec le partenaire.
Boule verte: autre désir qu'un désir avec ce partenaire, désir tourné vers quelqu'un ou quelque chose d'autre.
Pouvoir représenter ses désirs suppose la capacité de les reconnaître, donc de les nommer. La boule blanche serait ainsi toujours accompagnée d'une boule bleue ou d'une boule verte.
La visualisation favorise un meilleur positionnement de chacun, une clarification des ressentis. Elle aide l'un et l'autre à prendre soin de ses propres désirs et frustrations, à «faire quelque chose» pour eux, et non pour ceux de l'autre. Elle permet d'éviter les malentendus basés sur une fausse interprétation des positions d'autrui.

3. Et de nourrir ainsi une «bonne image» de moi. Je peux arrêter d'imaginer que je dois correspondre à un modèle: «Tu crois que je suis frigide si je n'aime pas la pénétration. Moi, j'aime bien quand tu restes au bord, juste au bord sans entrer...»

Pour certains, demander est assimilé à quémander voire à mendier. Le moindre refus ou décalage dans les attentes entraîne chez eux un mouvement de repli ou de fuite, une rétorsion et parfois même la perte de l'érection[4] ou l'arrêt de la lubrification, de l'appétence naissante.

Désir différent tourné vers quelque chose ou quelqu'un d'autre

Il se peut aussi, troisième possibilité, que mon partenaire, en réponse à mon désir, manifeste un désir différent du mien, et que ce désir ne soit pas tourné vers moi, qu'il soit vraiment en dehors de moi.

Son désir sera alors pour lui tout seul (travailler, écrire, réfléchir, bricoler, dormir seul) ou clairement dirigé vers un autre.

«Sortir avec quelqu'un d'autre que toi, parler avec un ami ou une amie, aller voir ma mère...»

Tous nos désirs n'ont pas notre partenaire pour seul objet.

Dire ses désirs

Beaucoup de malentendus, de souffrances et de violences sont liés au fait que ces désirs divers ne sont pas signifiés clairement. Ils sont agis, mais ne font pas l'objet d'une mise en mots. Ils ne sont ainsi pas reconnus et admis dans leurs différences.

Insistons encore une fois: tout désir a surtout besoin d'être entendu et respecté, ce qui ne veut pas dire satisfait et comblé.

Ce qui peut arriver de pire à un désir, c'est d'être nié, par soi-même ou par l'autre. Je fais comme s'il n'existait pas, je le

---

4. Cela se transforme parfois en peur et même en phobie chez certains hommes, la perte de l'érection étant assimilée à une perte de puissance.

rejette vite et je n'y pense plus. Ou je vois l'autre poursuivre sur sa lancée comme si je n'avais rien manifesté, comme si mon désir différent n'avait pas droit de cité.

Le déni des désirs est une violence fréquente. Les désirs inquiètent. Ceux qui ne sont pas dits, qui se sont à peine montrés sont encore plus souvent niés. Il est vrai que pour certains, le refus à une demande est si intolérable qu'ils préfèrent passer tout cela sous silence.

La reconnaissance verbale de leur désir — «Je vois bien que tu voudrais...» — suivie d'une réponse négative — «Mais moi, ce soir, je n'ai pas le même désir...» — leur paraît plus humiliante que le flou des comportements sans paroles. Car il y a des bénéfices secondaires à ce silence: se victimiser pour pouvoir rester dans l'accusation ou la culpabilisation de l'autre ou du monde entier.

D'autres objecteront que les mots pour dire les désirs leur semblent lourds, laborieux, dans un champ de forces aussi subtiles, mouvantes et ineffables. Que les paroles tuent la légèreté, la spontanéité et l'imprévisible, qu'il s'agit de vivre et d'éprouver sans intellectualiser.

Dans notre pratique d'écoutants, nous avons cependant entendu, des milliers de fois, que le silence tue davantage d'élans que la parole, même maladroite et tâtonnante. Nous savons aujourd'hui que la mise en mots, par son pouvoir de transposition, de révélation et de reliance, ouvre des portes dans les murs d'incompréhension les plus solides. Il faut prendre le risque de dire ses désirs, même quand ils ne sont pas comblés.

Au mot désir, il faudrait ajouter un adjectif qui énonce sa dynamique:

• **Parfois le désir est tendre**, c'est-à-dire porteur d'un grand éventail de possibles.

«Peut-être irons-nous jusqu'à faire l'amour, peut-être en resterons-nous simplement à des câlins, à des caresses, à des rires, ou à des jeux sexuels, où chacun trouvera son compte.»

Un désir tendre a une sorte de souplesse, de légèreté, de fluidité qui lui permettra de s'engager dans un grand nombre de directions et d'ouvrir plus d'espace à un partage.

• **Parfois le désir est violent**, impérieux, surtout lorsqu'il prétend être un remède à des maux qu'il ne peut guérir que très momentanément: angoisses, doutes, inquiétudes, tensions.

Certaines rencontres sexuelles sont des passages à l'acte où l'un des deux jette simplement sur l'autre ses peurs, son désespoir, son sentiment de vide. Puis il s'endort immédiatement. Voilà un signe qui ne trompe pas! Ce qui se passe dans ces cas-là n'est pas de l'ordre du plaisir, mais de la décharge. Et l'autre ressent cela comme une agression; il reste insatisfait et plus ou moins frustré ou coléreux.

Cette dynamique n'est pas le propre des hommes: les femmes aussi vivent des compulsions à combler ainsi leur désarroi ou leur angoisse. Le sexe et la sexualité se présentent trop souvent comme des lieux ou des occasions magiques pour vaincre la solitude, la misère relationnelle ou même les doutes existentiels.

• **Parfois le désir est régressif.**

> «J'ai envie de ne rien faire, que l'autre prenne tout en charge, qu'il prenne soin de moi avec la totalité de son corps, avec toutes ses ressources. J'ai envie de faire le bébé, d'être porté, de recevoir sans rien donner.»

Et cela souvent est acceptable pour l'autre, si ce désir passif est occasionnel et qu'il ne constitue pas l'essentiel des propositions dans la vie sexuelle. Pouvoir régresser est un des possibles de la relation intime confiante.

• **Parfois le désir est joyeux**, léger, de l'ordre de la fantaisie, du jeu. C'est un désir multiple qui peut papillonner et devenir une danse de reconnaissance mutuelle.

• **Parfois le désir est profond**, il se noie dans les yeux de l'autre, il a une intense signification émotionnelle, il est sérieux, il n'a pas envie de jouer. Il s'engage entièrement dans la rencontre amoureuse, dans le don de soi, dans une fusion.

> «J'ai l'impression qu'il prend source bien au-delà de moi et m'entraîne vers l'indicible de ce que je suis.»

> «Ce désir éveille une exigence envers moi-même que je n'avais jamais connue à ce jour... C'est un désir-racine par lequel l'autre devient essentiel.»

• **Parfois le désir est teinté d'agressivité.**

> «J'ai envie d'un corps à corps combatif, de mordre un peu, de serrer trop fort, de me faire bousculer, de sentir l'énergie de mes muscles et la résistance de l'autre. Je veux mener le jeu activement, être juste un peu féroce... et que l'autre me fasse juste un peu mal.»

> «Mon désir va naître souvent de mon propre refus. Il se nourrit de l'impossible, de l'inaccessible et même de l'affrontement. De résister certes, mais d'être vaincue, sans être violentée.»

• **Parfois les cheminements du désir sont obscurs**, quand il y a désir sans désir de satisfaction, envie sans besoin de réaliser, quand les désirs enflamment l'imagination et ne laissent que des cendres au temps de la rencontre, sans autre dynamique que celle de l'attente désespérée.

Et surgit en nous ce sentiment quelquefois au goût âcre, amer ou acide quand nous pressentons que nos désirs sont trop en avance sur nos possibles, qu'ils resteront inscrits dans une faim jamais dite, dans la violence de l'insatisfaction et parfois dans la nostalgie.

La pire des solitudes semble être celle du partenaire qui est seul à avoir du désir et qui reste étouffé, enfermé par son propre désir.

Il y a aussi tous les désirs qui restent fixés sur un objet toujours inaccessible.

«Je suis attiré par toi qui n'as pas le plus petit des désirs envers moi...»

«Je garde un désir pour toi qui es tourné vers une autre.»

Ces désirs impossibles peuvent dégénérer en frustrations. Il appartient à ceux qui les vivent de les prendre en charge. Nous invitons souvent le désirant à prendre soin de son désir, c'est-à-dire à lui donner de l'attention, des soins d'amour et une prise en charge consciente. Ainsi les désirs blessés deviennent des désirs-source qui iront irriguer des possibles de nous-mêmes.

Si nous nous rappelons que le désir est élan et mouvement, nous pouvons entendre de quelle puissante dynamique de créativité il peut être porteur.

La richesse d'une communication sexuelle dans la durée permet de mettre en jeu l'incroyable variété des désirs potentiels qui circulent en chacun de nous. Se reconnaître et reconnaître l'autre dans toute la gamme des désirs, à des moments différents, est une découverte essentielle, stimulante et maturante.

La guerre des désirs

L'expression «guerre des sexes» que nous avons souvent entendue ou lue ne nous semble pas appropriée. Il s'agit plutôt d'une succession de guérillas autour du désir, dans lesquelles les hommes et les femmes tentent de montrer, de cacher, d'éviter ou d'imposer leurs désirs dominants. L'un veut, l'autre pas. L'un est demandant, l'autre tente de se dérober, d'échapper au désir du premier comme à une menace.

Il y a quelque chose de pathétique et de profondément émouvant à voir, à entendre deux êtres que beaucoup de sentiments et d'intérêts réunissent, accordent et maintiennent ensemble, et qui cependant ne peuvent se rencontrer sur ce plan. La rencontre sexuelle touche à tant d'enjeux en même temps que tout se passe comme si c'était un investissement trop fort, trop grand pour oser ouvrir tous ces plans simultanément.

«C'est un type formidable, que j'admire beaucoup, et pourtant je ne le désire plus.»

«Elle m'est précieuse, je me sens bien avec elle, elle me connaît si profondément, et j'ai une confiance absolue en elle, mais je n'ai plus envie de son corps. Quelque chose s'est éteint.»

Lorsque le désir s'éteint chez l'un et pas chez l'autre, des stratégies d'évitements et de harcèlements se mettent en place.

«À un moment de ma vie de couple, je ne supportais même plus de sentir son corps près du mien. Ses mains me faisaient horreur. Pour le maintenir à distance, j'ai demandé à une amie médecin de me prescrire un «arrêt de relations sexuelles» sous prétexte de bacilles, ou d'infection vaginale. J'ai découvert ainsi que sitôt l'enjeu sexuel éliminé, j'étais tranquille, j'étais bien dans la relation avec lui.»

Ce que certains vont découvrir avec perplexité et souffrance aussi, c'est que, parfois, attachement et désir ne vont pas de pair.

L'attachement, pourtant, est une qualité de la relation qui témoigne de notre besoin de l'autre dans la proximité. Il peut s'inscrire de plus en plus fort dans l'intimité du lien et sembler s'approfondir au détriment du désir, comme si le désir n'avait plus de raison d'être, une fois l'attachement installé de façon nécessaire et vitale. Comme si le désir avait eu pour fonction de provoquer une réunion, puis de longuement sceller une union, pour établir un lien constant dans la durée. Comme si le lien devenu ancien, intime et précieux avait tendance alors à désintégrer la force du désir, à s'en dégager, à ne plus avoir besoin de lui.

Pour l'un ou l'autre des partenaires, le désir se tournera peut-être vers l'ailleurs, l'inconnu, le renouveau. Il peut aussi ne pas se réinvestir dans le registre de la sexualité mais dans tous les autres langages de la communication sexuelle.

Cela peut blesser et surprendre de découvrir que l'amour que je porte à mon compagnon ou à ma compagne ne coïncide pas avec mon désir, qui, lui, se fixe sur quelqu'un d'autre, ou pas. Combien de fois n'avons-nous pas entendu cette expression en forme de cri:

> «Jamais je ne quitterai mon mari, et pourtant mon désir n'est pas envers lui...»

> «Elle est la femme la plus importante de ma vie, mais mon désir s'absente et dérive...»

Celui qui reste désirant va alors nier, rejeter ce non-désir, il ne le supportera pas et voudra imposer le sien. Un affrontement ouvert ou larvé peut s'instaurer.

Cette guerre des désirs peut prendre des formes aiguës, et la recherche désespérée d'un accord liera solidement des couples pendant des années. Parfois elle s'apaise, se sublime, et, si elle ne se déplace pas sur d'autres enjeux, la relation s'équilibre et permet aux désirs d'un autre ordre de circuler librement. Certains gardent cependant une vague impression que «ce n'est pas normal s'il ne se passe rien dans ce domaine».

Restent vivaces les mythes et les croyances «qu'on devrait avoir du désir», que «si je l'aimais vraiment j'aurais du désir». Avec la recherche vaine d'explications, de comparaisons, d'interrogations à l'entourage. Le parcours du combattant commence: thérapie, consultations, auscultations des cœurs et des corps...

À défaut d'explications, un cheminement, une clarification sont possibles quand sont nommés la souffrance, les différences, les conflits intérieurs et extérieurs, l'évolution de la relation pour l'un et l'autre.

Lorsque les impasses de ce premier langage de l'amour, celui des désirs, font l'objet d'une mise en mots, souvent douloureuse, car elle est confondue avec une mise en cause, elles ouvrent la voie d'une reconnaissance mutuelle.

Décalage des désirs, et absence d'une parole intime, personnelle

Quelle est la plainte la plus fréquente chez les femmes insatisfaites de leur relation de couple?

Elles regrettent que leur partenaire ne sache pas ou ne veuille pas parler de ce qu'il ressent, de ses sentiments, de ses désirs et plaisirs, de ses émotions, de son imaginaire. Et surtout des impressions qui les concernent, elles, la relation avec lui, la vie familiale, les positionnements de vie.

Les femmes parlent entre elles abondamment et librement de la vie affective, et elles déplorent que les mêmes échanges ne soient pas possibles avec leur homme. Elles parlent entre elles de lui, elles spéculent sur ce qu'il ressent ou n'éprouve pas à partir d'indices. Elles analysent et imaginent le monde intérieur qu'il ne livre pas, et en guettent les signes.

Il est devenu banal d'évoquer «ces hommes qui ne communiquent pas[5]». Mais la souffrance des couples n'est jamais banale, ni celle des femmes qui espèrent une parole, ni celle des hommes qui se refusent les mots de l'intimité affective que pourtant ils désirent.

La plupart du temps, le langage des mots n'a pas le même sens, pas la même finalité pour les deux sexes. Pour les filles et plus tard les femmes, il sert à combler la distance, à enjamber le vide qui sépare, il sert à relier. Pour les garçons et plus tard les hommes, il est utilisé davantage pour maintenir la distance, pour ne pas se laisser envahir, pour contrôler la relation ou exercer une maîtrise sur le monde. C'est pourquoi les hommes ont tendance à parler de généralisations,

---

5. Steven Naifeh et Gregory White Smith, *Ces hommes qui ne communiquent pas,* Montréal, le Jour éditeur, 1987. Cette étude américaine a été menée par deux hommes qui ont écouté le cri d'innombrables femmes: «Ah! si seulement il pouvait trouver les mots!»

d'idées, de considérations soi-disant objectives qui éloignent l'intimité, alors que les femmes tentent une parole subjective et particulière. Comme si les femmes souffraient essentiellement du manque, du «pas-assez-d'amour», du vide, et que les hommes craignaient le «trop», l'empiètement, l'envahissement.

C'est avec ces deux dynamiques antagonistes que la communication en couple se construit, et parfois se perd. L'intérêt passionné que beaucoup de femmes portent au psychisme — le leur et celui de l'autre — trouve rarement sa contrepartie masculine.

Un homme, un peu irrité par les sollicitations de son amie, témoigne:

«Elle voudrait que je parle de moi, d'elle, de nous et moi, je n'en ai pas envie, pas besoin, cela m'ennuie. Je suis là, c'est la preuve de mon attachement, mes actes parlent, cela devrait suffire! Quel est ce besoin de "psychologiser" sans fin? J'ai surtout envie qu'on me fiche la paix!»

Cette femme raconte pour sa part l'intérêt qu'elle a porté à la vie intérieure de ses compagnons:

«J'ai le désir tenace de connaître cet autre semblable et différent, de me représenter comment il vit à l'intérieur de lui.

«La première fois que j'ai été amoureuse, j'avais quatorze ans et lui seize, et c'était un garçon secret, très réservé et contenu. Je le croisais dans la cour de l'école, mais nous ne nous parlions pas. Le dimanche à l'église, je m'arrangeais pour m'asseoir deux rangs derrière lui, un peu décalée, pour pouvoir le regarder furtivement, non pour le surprendre mais pour tenter d'imaginer ce qu'il pensait, ce qu'il ressentait. J'aurais voulu par magie devenir lui pendant un instant.

«Avec les hommes de ma vie, j'ai gardé ce rêve d'une communication tout ouverte, et j'ai bien souvent été frustrée! Ce qui m'a manqué le plus chez les hommes, à commencer par mon père, c'est une parole personnalisée, intime.»

Une autre dira:

«Ma souffrance devenue blessure, c'est l'absence d'une parole propre à lui. J'ai le sentiment de ne pouvoir le rejoindre quand il parle sur lui et non de lui, son discours est dévitalisé, impersonnel et me rejette sur un terrain d'échange où je n'ai pas de références personnelles, d'où l'intime est exclu.»

Nous savons que l'imaginaire et le désir se nourrissent de l'absence, du mystère, de l'inaccessibilité de l'autre, ce partenaire jamais pleinement trouvé. Mais les énigmes trop opaques découragent les chercheurs, blessent les élans, éteignent les enthousiasmes, et lorsque le silence s'installe, les désirs s'étiolent.

Désirs masculins et désirs féminins

Il est primordial de ne pas s'enfermer rigidement dans la rubrique «masculin» ou «féminin», avec toutes sortes de croyances sur les rôles dévolus aux femmes et aux hommes ou sur les attitudes admises ou pas.

Le décalage des désirs qui provoque tant de souffrance dans les couples est lié, en partie, aux différences entre le désir masculin et le désir féminin. Il est à rattacher aussi à une méconnaissance de ces différences, et à la difficulté de vouloir concilier des besoins peu compatibles.

Nous proposons quelques jalons pour situer ces différences, bien connues mais incomprises quand même! Nous parlerons de désir féminin ou masculin plutôt que du désir des femmes et de celui des hommes, puisque chacun porte en lui les deux aspects. Vivre la sexualité, c'est oser la rencontre des dimensions sexuelles présentes en chacun.

Quand la féminité de cet homme rencontre la masculinité de cette femme, il n'est pas certain que l'accord puisse se faire si l'une de ces dimensions est refoulée ou au contraire majorée de façon insupportable.

Des oppositions sourdes, larvées, incompréhensibles au niveau le plus conscient vont ainsi se jouer parfois entre des partenaires qui s'en désolent sans pouvoir accéder à une meilleure compréhension.

Bien sûr, il y a généralement davantage de féminin chez les femmes, et davantage de masculin chez les hommes, mais pas toujours.

Pour illustrer de façon un peu caricaturale cette dysharmonie, nous citons le récit d'un homme:

«Je ne vois mon amie que tous les quinze jours, nous habitons assez loin l'un de l'autre pour des raisons professionnelles. Lorsque j'arrive, le vendredi soir, je suis plein de désir, et de tensions multiples aussi, d'ailleurs. J'ai la plupart du temps envie de faire l'amour, là tout de suite. D'être accueilli ainsi, immédiatement. Et après seulement, je me sentirai disponible pour parler, pour écouter, pour vivre la tendresse et l'échange. Mais elle ce qu'elle veut, c'est d'abord que nous nous retrouvions, en parlant, en mangeant ensemble, en se regardant, en renouant la relation interrompue par le temps de l'absence. Et après, quand elle sentira la relation et elle-même bien reconnues et confirmées par moi, elle pourra se laisser aller vers un désir plus sexuel. Bien sûr, c'est toujours moi qui dois céder, attendre qu'elle soit prête. Je ne veux pas la forcer. Mais à ce moment-là, je ne suis plus naturel, je ne me sens pas spontané, c'est moi qui me force.

«En somme elle dit: "D'abord la tendresse, ensuite le sexe." Et moi, mon besoin c'est: "D'abord la sexualité, ensuite la tendresse." C'est comme si l'un ou l'autre devait payer un tribut pour obtenir ce qu'il désire.»

À travers ce témoignage, cet homme nous dit son besoin archaïque d'être reconnu par le corps de l'autre, dans le corps à corps de la rencontre. Il nomme sexualité ce qui relève, il serait surpris de le découvrir, d'une aspiration infantile très primitive, irrationnelle, liée au besoin double de s'enfouir et de posséder (d'être reçu et de vérifier la présence et la disponibilité de l'autre).

Bien sûr, sa partenaire n'entend pas ces registres, la demande est ressentie, étiquetée comme sexuelle et... refusée ou disqualifiée comme telle.

Le féminin

Le féminin investit l'amour comme la grande affaire de la vie, le but central de l'existence. Il donne de l'importance avant tout à la relation, aux relations, avec, comme centre, soi-même, la vie intérieure, les sentiments, les projets et la durée.

Le féminin se sent marqué par une faille archaïque, une infériorité lointaine, diffuse. Il lui manque l'amour de soi, et cela l'empêche d'investir son propre plaisir corporel comme une dimension première.

Le féminin veut d'abord être restauré par une reconnaissance et une considération qui lui viendrait de l'extérieur, de l'Autre. Le féminin cherche confirmation de soi en tant que personne entière, élue, choisie, unique. Cette reconnaissance est plus importante que la satisfaction physique; elle passe bien avant le plaisir.

Le féminin est sans limites, il a un rêve d'absolu, d'éternité et de complétude; il idéalise l'amour dans ses aspects les moins sexués; il se méfie du charnel trop limité.

Le féminin attend que le Prince Charmant, ou le père Noël, l'Unique, lui fasse prendre valeur et forme en lui rendant hommage.

Il a besoin d'entendre une parole intime, un verbe, des mots qui replaceraient le plaisir dans un contexte d'amour et d'estime, des mots qui rassurent et magnifient en nommant les émotions, la beauté, la légitimité d'être, des mots qui le valorisent en irriguant les pays secrets de tous ses possibles.

Pour s'orienter vers l'intérieur, vers l'activité réceptive, le désir féminin se dégage de tout élan agressif et affirmé, il est vulnérable, quelquefois informe et attend tout de l'autre; il attend la révélation. Il ne peut s'oublier et se donner qu'après s'être aimé lui-même par la médiation de l'autre.

Le désir féminin ne peut qu'être déçu, tant ses attentes sont immenses.

Heureusement, il y a du désir masculin en toute femme et si ce désir est à l'œuvre, il va se charger d'agrandir la rencontre.

Le masculin

Le désir masculin recherche avant tout une satisfaction instinctive. Il est actif et trouve sa valorisation en lui-même, en ses conquêtes de toutes sortes, et ses démonstrations sont autant d'œuvres de création.

Il n'attend pas de l'extérieur une restauration, mais simplement un écho et une amplification de la satisfaction qu'il a de lui-même. Il prend plaisir à la force dynamique de l'affirmation triomphante de soi. Il est fier de ses élans, il aime maîtriser, façonner, posséder, donner forme, féconder la réalité.

Le masculin aime voir, il jouit de la beauté immédiate. Les mots lui sont peu nécessaires pour nommer les émotions.

Le masculin a le sens des limites, du temps, des réalités distinctes. Il s'abandonne peu à la folie, conscient aussi de ses doutes, de l'éphémère. Il reconnaît instinctivement le pouvoir destructeur du temps, l'incertitude des saisons et de l'avenir.

Le masculin a intériorisé la chute, la perte irrémédiable du paradis; il sait les trahisons possibles. Il est capable parfois de vivre intensément l'instant, et même d'accueillir la plénitude du moment.

Le désir masculin s'investit lui-même de son importance et demande la disponibilité de l'autre pour accueillir ses énergies. Il n'attend pas de l'Unique la validation de son existence; il sait se réjouir de la multiplicité. Il s'engage dans l'amour, mais il n'engage pas tout dans l'amour: il diversifie ses investissements.

Heureusement, il y a du désir féminin en tout homme. Et quand ce désir n'est pas nié, occulté ou maltraité, il ouvre aussi à plus de liberté.

Féminin et masculin

En chacun, homme et femme, les deux polarités peuvent trouver place et se combiner de façon infiniment variée.

Certains souhaitent que l'autre investisse la relation de la même manière qu'eux.

> «C'est étouffant, le grand amour absolu, et comme c'est fatigant de toujours devoir faire la cour!»

> «Comme c'est décevant ce manque d'attention, cette négligence de la relation, cette difficulté de communication intime par la parole.»

Chacun peut aussi ouvrir l'autre à des dimensions qui lui sont moins naturelles. Souvent en tentant de lui donner ce que lui-même voudrait recevoir.

L'homme accordera beaucoup d'importance à ce que sa compagne se sensibilise aux joies du plaisir physique, qui, à la base, n'était pas pour elle l'essentiel. Il sera fier si ses œuvres suscitent des bienfaits analogues à ceux qu'il recherche pour lui-même.

La femme tentera de donner à son partenaire la valorisation et la reconnaissance dont elle aurait besoin en l'admirant, en l'aimant en tant que personne unique, en lui disant les mots qu'elle voudrait entendre (et dont il n'a peut-être que faire) et elle le sensibilisera à l'importance de la relation et de la parole.

Si le langage privilégié de chacun est accessible à l'autre et même amplifié par lui, la rencontre devient une fête.

Hommes et femmes peuvent être à l'écoute de ces moments où le masculin ou le féminin intérieur prédomine chez l'un ou l'autre. Quand les désirs se rencontrent ainsi, ils ont un pouvoir inouï d'expansion et de plénitude; ils font toucher du doigt l'accord possible, l'unité retrouvée.

Fais-moi amour,
fais-toi amour, me disais-tu...

Avant l'amour,
j'ai besoin de ton regard
pour assurer mon existence.
Pendant l'amour,
j'ai besoin de ta main
pour m'ancrer et me laisser aller sans vertige
au plus loin de moi,
au plus près de toi.
Après l'amour,
j'ai besoin de tes bras,
pour m'accueillir
pour me contenir.
Oui, j'ai besoin d'un contenant
après t'avoir reçu.
Que c'est bon d'aller vers ce quoi
je me sens appelé,
le meilleur de toi.

Témoignages

À propos du paragraphe 1353 du *Code civil* allemand:
«[...] le texte de loi en question fait légalement obliga-
tion aux époux allemands — aux deux — d'accomplir le devoir conjugal, et cela "dans une atmosphère d'harmonie,
même si elle est simulée, en tout cas sans signe d'indifférence et surtout sans marque de mécontentement".»
Tiré d'un article de Marc Leroy-Beaulieu paru dans le
journal lausannois *24 Heures* du 2 août 1993.

***

L'importance du jardin secret, un accord subtil entre
transparence et non-ingérence.
J'aime que des pensées et des actes m'appartiennent en
propre. J'aime que des espaces ne dépendent que de moi.
Sa pudeur ou sa délicatesse font qu'il ne me demande jamais de comptes. C'est vraiment un choix de vie...

***

Dans ma famille, la plupart des échanges étaient truffés
de doubles messages. Ainsi je devais «arrêter de rêver, de rester dans la lune...», mais je devais aussitôt cesser immédiatement de faire du bruit.
Je devais avoir «un peu plus d'imagination quand
même!» dans mes jeux, et je devais arrêter de toujours faire
des bêtises.
Mon père me demandait «de respecter un peu plus mes
frères et mes sœurs», mais lui-même ne cessait d'humilier ma
mère devant nous, la traitant d'incapable et de «bonne à
rien».
Je ne pouvais ainsi jamais me situer, me positionner,
affirmer un désir ou un projet. Ma femme, des années plus
tard, m'a violemment reproché de ne pas avoir de désir

propre, de ne jamais savoir ce que je voulais: «Chaque fois que je te propose quelque chose, tu me réponds: "Si tu veux."»

Elle partait en claquant la porte: «J'en ai marre d'être la seule à avoir un désir.»

Toute ma vie amoureuse a été ainsi marquée par une difficulté très grande, quasi insurmontable à me situer. La femme avec qui je vis actuellement me convient tout à fait. Elle décide pour moi, ne me demande jamais mon avis et anticipe même la plupart de mes besoins...

***

Dans ma famille, personne ne se parlait, j'ai envie de dire qu'on aboyait des ordres. Mon père a toujours eu des chiens de chasse et c'est à eux qu'il parlait. À table, il n'adressait la parole à personne, ni à sa femme, ma mère, ni à ses enfants. Il était d'une douceur et d'une gentillesse infinie avec son chien. Il lui parlait fréquemment, c'est à lui seul qu'il témoignait des marques d'intérêt, d'affection et de plaisir.

Pendant une partie de mon enfance, je souhaitais devenir un chien, j'aurais ainsi plus d'amour. Je jouais souvent sous la table avec le chien de mon père, recueillant les paroles et tentant de m'attribuer les caresses données au chien.

Des années plus tard, mon mari m'a traitée de chienne, prétendant que j'étais «capable de lui lécher les bottes pour obtenir des caresses...».

***

Ce qui m'a aidé dans ma vie sexuelle, c'est l'extraordinaire liberté de certaines femmes. Le geste magique avec lequel elles ont guidé ma main vers un sein ou un sexe.

Merci à vous, femmes-cadeaux qui m'avez offert le chemin de votre intimité. J'ai approché le mystère, seulement approché l'inconnu d'un corps de femme.

Vous êtes des reines, des princesses. Vous m'avez appris ma mâlitude sans honte, sans culpabilité, sans restriction.

Vous m'avez offert une liberté inouïe, trop souvent en deçà de la vôtre, car je n'étais qu'un apprenti.

***

L'embrasser est chaque fois pour moi un miracle. Je m'étonne vraiment que cela puisse être possible, comme cela spontanément. J'ai envie chaque fois de demander une autorisation, de vérifier si c'est permis. Je reste émerveillé par la proximité possible, mais je suis à jamais insatiable, irrémédiablement atteint d'attirance et de désir...

***

Suis-je de la race des nomades, des tsiganes, pour avoir si peur de me rencontrer si je trouve un lieu qui m'accueille? J'ai le sentiment que le bonheur est toujours fugitif, qu'il ne peut cohabiter longtemps avec moi. Je ne trouve pas de chezmoi, ni dans une maison, ni dans une relation.

Et cependant quand un homme vient poser sa tête sur mon épaule, quand il s'immobilise quelques instants, le goût du bonheur m'habite au présent, je suis bien protégée, paisible. Puis je reprends mon errance de femme seule, avec un ailleurs toujours à m'attendre...

***

Qu'il m'est difficile de lui dire sans le blesser que le rythme de mon désir est variable, que je ne veux pas être approchée en terrain conquis mais avec respect comme au premier temps de notre relation, que même après une absence de plusieurs jours, je peux ne pas avoir envie d'être embrassée sur la bouche ou touchée tout de suite de façon intime. Qu'il m'est possible de témoigner ma joie de le revoir sans la confondre avec son désir de faire l'amour dans la minute qui suit.

***

Je sais maintenant que je peux avoir du désir sans amour dans l'espace d'une rencontre, sans le prolonger dans une relation. Aujourd'hui, je sais qu'aimer ne veut pas dire être semblable, je n'ai plus l'illusion qu'il ait les mêmes désirs au même moment, que nous pourrions communiquer par télépathie.

Je suis sortie des attentes implicites, c'est-à-dire des réponses «qu'il devrait avoir à mon égard s'il m'aimait comme je l'aimais!».

***

Un jour il m'a dit: «C'est pas drôle d'être toujours demandeur.» Et moi j'aimais ça, être demandée. Je vérifiais ainsi que son désir était toujours présent. Mais lui se vivait comme un mendiant.

Depuis quelque temps, je suis demandante et cela le surprend.

Ce que j'aurais souhaité avant, c'est plus de câlins gratuits, plus de tendresse, plus de dons véritables. Des câlins qui ne soient pas une demande cachée ou déguisée.

Un câlin sans conclure, c'était son mot, ça paraissait impossible. «C'est sans goût», m'a-t-il dit une fois.

Et pour un câlin avec conclusion, j'avais besoin de beaucoup, beaucoup de temps, d'une réelle intimité. Et souvent ce n'était pas le moment, ni le lieu, et pour simplifier je renonçais à l'avance, pour ne rien risquer. Cela aurait pu durer des années encore si je ne m'étais réveillée...

***

Il y a tant de violences sourdes qui traversent la relation sexuelle. Violence du désir de l'un qui cherche à s'imposer à l'autre, qui n'admet pas d'autre réponse que celle de la satisfaction.

Violence des peurs projetées sur celui qui est le plus proche. Violence des conduites d'évitement, de fuite, de refus déguisés: «Je suis fatigué ce soir.» «Je me lève tôt demain.»

Violence du bien faire de l'autre qui se sent en échec quand je n'ai pas joui. Violence des certitudes, des explications, des justifications et des rendre compte. Violence physique parce que simplement l'autre est plus fort.

Violence de tous mes conditionnements qui me font accepter l'insupportable, espérer un changement chez l'autre et qui m'entraînent à rester passive.

Tout cela est rarement dit, tout cela est l'origine de beaucoup de blocages et de souffrance. Les sentiments sont parfois un voile semi-opaque pour masquer toute cette violence. Si un jour vous écrivez sur l'amour, osez dire un peu de cela...

***

Les gestes sont importants. Au début de notre relation j'étais attentive à ses gestes à lui. Je tenais une sorte de comptabilité secrète des gestes qu'il faisait ou ne faisait pas. J'étais prête à entrer dans le reproche, dans la plainte et la frustration. À tel point qu'il m'arrivait parfois de refuser ses approches, comme si elles venaient trop tard, ou en punition des gestes qu'il n'avait pas faits une heure ou deux avant.

À cette époque-là, je ne savais pas encore l'importance de recevoir. C'est avec lui pourtant que j'ai découvert que mes gestes pouvaient être reçus, qu'une épaule peut agrandir le contact qui s'offre à elle, qu'un mouvement du cou, du corps peut accueillir la caresse, lui donner tout son sens. Il savait vraiment recevoir et cela m'a donné une grande sécurité.

J'ai découvert que pendant des années, j'avais vécu la frustration par des autoprivations successives.

Aujourd'hui, je ne veux rien perdre d'un échange, rien gaspiller d'une rencontre. Si une relation m'est précieuse, il m'appartient de la nourrir, de la gratifier même.

Les gestes transmettent de l'énergie, proposent des apaisements, inscrivent des reconnaissances et surtout donnent vie à l'intimité. Je ne me prive plus de contacts, j'ose en proposer et en recevoir.

***

Pendant les premières années de ma vie, j'ai survécu en apprenant à ne pas ressentir, à ne rien éprouver. Ni le bon, ni le mauvais, ni le chaud, ni le froid, ni le sucré, ni l'amer. J'avais vu mes sœurs s'en aller en internat, et pleurer avant le départ, pleurer aussi au retour.

Jusqu'à l'âge de dix ans, je me suis débilisé avec une ténacité qui m'étonne aujourd'hui. Je ne savais pas lire, j'ânonnais quelques mots pour les oublier aussitôt.

Un été durant la guerre, je fus placé à la campagne, «pour le bon air et pour le lait de vache». Cette année de mes dix ans, j'ai rencontré Irène qui en avait douze. Les jours de pluie, qui furent nombreux cet été-là, les adultes disaient «un été pourri», Irène me laissait voir son corps. Partout, sans aucune réserve ni limite, avec une simplicité si émouvante que je lui voue encore aujourd'hui une affection sans condition.

Par la suite, mes seules curiosités furent orientées vers le corps des petites filles. Contempler leur sexe quand elles acceptaient de me le montrer, caresser leurs cheveux quand cela ne leur faisait pas peur, les effleurer pour inscrire dans l'espace de mes mains une géographie et une histoire qui n'appartenaient qu'à moi.

Ma vie d'adulte socialement bien intégré n'est qu'une apparence. Je garde une curiosité sans fin pour le corps des femmes, je ne vois que cela dans la vie, leurs seins, leurs fesses, leur ventre, leur cou ou leur dos, tout en elles me fascine. Je ne suis jamais rassasié.

Mon plaisir n'est pas d'être touché, c'est de toucher, de caresser sans autre attente, sans autre désir.

Mes partenaires s'impatientent parfois, trouvent que j'en fais trop, elles voudraient conclure. Ce que je fais bien sûr, sans plus. Je n'ai jamais eu d'orgasme, mais souvent beaucoup de plaisir.

***

L'adolescence a marqué d'une manière inéluctable ma vie sexuelle d'adulte, je m'en suis aperçu récemment car j'avais oublié cette tranche de vie vécue dans l'anxiété. L'angoisse et l'attirance s'étaient inscrites en moi avec trop de force, trop de violence. Et surtout mon désir du corps, du sexe et du désir de l'autre, ma découverte de mon besoin de l'autre, de l'avidité de mon corps pour un corps avaient rencontré trop de dérisoire. Mon exploration tâtonnante s'était heurtée à des déchirures brutales, avait buté sur la découverte que rien n'est acquis, que tout se dérobe ou change de sens.

***

La façon dont son corps se déplace, se meut dans l'espace de l'appartement m'indique si nous ferons l'amour ou non. J'ai envie de dire qu'elle commence à faire l'amour en se levant le matin. Si elle met un vêtement avant même d'être sortie de la chambre, elle ne le sait pas, mais je peux déjà entendre que le soir nous en resterons aux câlins. Si elle s'élance nue vers la salle d'eau, revient se poser un instant contre moi, comme un souffle, puis repart, je sais que ce soir ce sera la fête.

Son corps est une offrande et en même temps un immense réceptacle d'amour. Je ne me lasse pas de lui donner, moi qui pendant des années avais été dans la demande.

L'extraordinaire de nos échanges, c'est qu'elle m'a appris à recevoir. Ainsi le soir où elle est revenue du travail en dansant, a glissé sa main sur mon ventre jusqu'à mon sexe et a chuchoté: «Garde ma caresse jusqu'à ce que les enfants soient couchés, je l'agrandirai jusqu'au ciel...»

Cette caresse-là, je l'ai reçue si fort, qu'elle m'habite encore...

***

Le désir de la femme, de celle que j'ai rencontrée tout au moins, m'a paru toujours mystérieux, miraculeux quand il était là, presque méchant quand il n'était pas là. Avec en moi un sentiment diffus de culpabilité d'être toujours dans le besoin et dans la demande.

Je ressentais le désir de ma femme comme un cadeau, une offrande, et mon besoin comme une tare.

J'avais aussi reçu le message que «les hommes ne pensent qu'à ça». Cela m'a suivi longtemps. J'ai mis des années à passer du besoin au désir ouvert, au désir libre. C'est elle qui m'a parlé de tout ça, je ne disais rien, mais j'entendais...

***

J'ai tenté de témoigner auprès de mon mari de mon évolution: «Je ne suis plus celle que tu as épousée. Je ne suis plus celle que je t'ai montrée durant tant d'années.»

Et cela même lui est insupportable. Une folie de négation l'habite. Il ne peut s'empêcher, lui qui vote libéral, à gauche, de me dicter comment je dois être, ce que je dois dire et ce que je dois éprouver. Plus je tente de me différencier, d'être, tout simplement, plus je me sens niée, menacée.

Je me sens épuisée et morne, recherchant la distance, le silence. La terreur du coucher m'habite, car c'est là que l'espace se rétrécit. C'est là que sa demande cherche une confirmation. C'est à ce moment-là que je suis le plus dans l'inexistence.

Je m'annule et je m'en veux. Mon véritable conflit n'est pas avec lui, mais avec moi-même. Nous sommes l'un et l'autre sur des chemins si divergents et par instant si éloignés que cela m'effraie et me rapproche de lui.

***

Au début de ma vie amoureuse, je n'étais soucieux que de son plaisir. Je voulais faire plaisir à tout prix, avec un acharnement qui me paraît aujourd'hui puéril et surtout dangereux et vain.

Je tentais de la solliciter, de réveiller ses sens, de l'emmener au plaisir. J'avais un besoin pathétique, désespéré de cette confirmation.

Et cela s'est accentué jusqu'à devenir une obsession. Je n'arrivais même pas à percevoir que c'était moi qui déclenchais des blocages en elle. Certains jours, mon impatience était telle, que mon approche devenait une véritable agression dont je n'étais même pas conscient. Elle se sentait forcée, traquée, m'a-t-elle dit un jour.

Ce n'est que plus tard encore qu'elle m'a dit une phrase qui m'a laissé *groggy:* «Tu n'es pas responsable de mon plaisir... J'ai vraiment envie d'être actrice de mon plaisir.»

Il m'a fallu plusieurs mois pour l'entendre et... renoncer à mon *forcing.* Et plusieurs années pour que j'accepte réellement son rythme. Quand elle m'a parlé, nous étions au bord de la cassure.

J'ai beaucoup de colère en moi de n'avoir rien appris de tout cela avant. Nous arrivons dans l'amour avec une telle méconnaissance que je me demande aujourd'hui comment il est possible de traverser tant de malentendus sans se perdre.

* * *

II

Langage des peurs

Nous sommes des êtres aux peurs innombrables qui viennent du fin fond de l'humanité et s'actualisent dans notre histoire individuelle et familiale.

Désirs et peurs sont liés. Chaque désir engendre des peurs, légères ou graves, excitantes ou bloquantes, abyssales ou volatiles, effleurant à peine la conscience ou l'envahissant. Chaque peur cache d'autres peurs qui, elles-mêmes, voilent un ou plusieurs désirs, parfois contradictoires.

Il est toujours possible de reformuler une peur en exprimant des désirs ou des besoins.

«J'ai peur de perdre le contrôle» peut se dire: «J'ai besoin de garder la sensation de mon intégrité corporelle, et en même temps, j'ai le désir d'oser me laisser aller dans l'inconnu.»

«J'ai peur d'être brusquée» deviendra: «J'ai besoin de temps et de douceur.»

«J'ai peur de ne pas te satisfaire» peut s'énoncer: «Je désire susciter ton plaisir.»

L'anxiété semble être à l'origine de la plupart des difficultés sexuelles. Pour l'homme comme pour la femme, la rencontre sexuelle est chargée de multiples peurs. Elles ne font le plus souvent l'objet d'aucun partage, d'aucune communication. L'absence de parole fera que les peurs seront mises en actes, sous forme de refus, de censure, de fuite du désir, d'absence de plaisir, d'éjaculation précoce, etc.

Nous pouvons distinguer quatre registres principaux de peurs liées à la sexualité:

- les peurs corporelles;
- les peurs liées à l'image de soi;
- les peurs en relation avec le pouvoir, la domination, l'abandon;
- les peurs à propos d'interdits.

Les peurs corporelles

Le corps à corps de l'expérience amoureuse nous renvoie au début de notre vie psychique. Il nous précipite à notre insu dans le vécu de nos premières relations corporelles, affectives, sensuelles, celles que nous vivions avant de posséder le langage. Notre corps était alors à la merci de l'autre, des mains dures ou tendres qui le maniaient, le lavaient, en touchaient les orifices si sensibles. Notre corps appartenait à l'autre, ses bras et ses regards inscrivaient en lui sécurité et anxiété, bien-être et tensions.

Même entre de bonnes mains, les petits corps vivent, de l'intérieur, des tempêtes affectives, ressentent la peur d'être détruits, l'angoisse d'implosion et d'explosion, connaissent l'impression paniquante d'être submergés par des vagues incoercibles d'émotions et de sensations.

La rencontre sexuelle, redoutable et merveilleux lieu d'intimité corporelle, réveille ces angoisses archaïques en même temps que les anciennes et les nouvelles béatitudes.

Bien sûr, tous les hommes savent qu'il n'y a pas de dents ou de couperet à l'intérieur d'un vagin et que leur sexe ne va pas disparaître dedans, mais il y a quand même beaucoup d'inquiétude autour de cela. Certains restent très prudents, ne s'y hasardent pas trop. Tel éjaculateur précoce sait bien qu'il ne s'aventurera pas longtemps dans le noir et l'inconnu de cette caverne, de cet abysse. Il n'en dit rien naturellement, puisque tout cela est irrationnel et primitif.

> «Je serais bien ridicule si je disais que j'ai peur
> d'être capturé...»

Évidemment, toutes les femmes savent que le sexe de l'homme ne va pas les transpercer jusqu'à obstruer leur gorge, mais certaines suffoquent tout de même sous l'emprise de leurs représentations infantiles oubliées.

Cela demande une extraordinaire confiance, que de laisser l'autre pénétrer mon territoire corporel, entrer dans mon ventre, dans ma bouche, transgresser les frontières de ma peau. Confiance en l'autre, mais surtout confiance en soi, pour laisser surgir l'imprévisible qu'il y a dans la communication sexuelle. Habitués que nous sommes à nous dominer, il n'est pas aisé d'y renoncer soudainement pour lâcher prise et laisser aller le corps selon sa propre nature.

> «J'ai l'impression de perdre mon identité, de
> ne plus savoir qui je suis, de devenir sans limites,
> c'est angoissant, j'ai peur de me diluer», disait une
> jeune fille à la personnalité encore peu définie,
> après ses premières expériences sexuelles avec un
> homme qu'elle aimait.
> Elle vivait physiquement, dans des crises
> d'étouffement, son angoisse de se perdre dans l'au-
> tre, de ne plus exister que par lui, dans cet état
> amoureux qui la bouleversait. À l'approche du
> corps de l'aimé, tous les muscles de son corps se
> crispaient comme pour protéger le fragile territoire
> de son identité, comme pour lutter contre l'aboli-
> tion de toute distance.

Vivre l'abandon dans la rencontre sexuelle, c'est abandonner son corps à l'autre. Cela peut titiller nos secrètes et vagues angoisses persécutoires, nos peurs irrationnelles d'être dévorés, les fantasmes menaçants nés de nos propres pulsions destructrices. L'animalité maîtrisée ne va-t-elle pas surgir brutalement chez moi, chez l'autre, dans le vertige du désir?

> «Mon amie m'a demandé si j'avais été un en-
> fant battu, ce qui n'est pas du tout le cas. Elle avait
> remarqué qu'un geste un peu rapide de sa part en
> direction de mon corps déclenchait une réaction de
> retrait. Il m'est arrivé, alors que nous étions paisi-
> blement en train de lire au lit, de plier brusquement
> les genoux comme pour protéger mon ventre et mon
> sexe, lorsqu'elle avait soudain étendu le bras pour
> poser son livre. Je ne sais pas d'où me viennent ces
> réactions corporelles étranges.»

Le plaisir féminin semble plus angoissant que l'orgasme masculin. Moins localisé, moins ancré anatomiquement, son approche suscite chez certaines une peur de perdre cons-cience, de tomber dans le néant et l'informe, de se disloquer. Crainte aussi de ne pas garder le contrôle des sphincters. Ainsi le jaillissement féminin, dont nous parlerons au chapi-tre du langage du plaisir, peut être pris pour de l'inconti-nence, par la femme elle-même ou par son partenaire.

La peur corporelle de l'intimité se rattache aussi parfois au souvenir de traumatismes et de violences réellement vé-cus. Telle petite fille s'est fait coincer dans l'escalier par le voisin du deuxième, un oncle, un grand-père, ou le profes-seur de piano l'a violentée en douceur, et elle garde de ces gestes la crainte de n'être qu'un objet et non pas une personne. Elle actualisera peut-être dans ses relations adultes la fer-meture, le refus, la fuite, la protestation véhémente que, petite, elle n'a pas eu les moyens de mettre en œuvre.

Chez les femmes, les craintes fondamentales concernent l'intérieur de leur corps. Ce «dedans» est menacé fantasmati-quement, soit par l'intrusion cruelle, soit par le mauvais, le sale, le méchant qu'il contient peut-être.

La fonction réceptive est plus engageante corporellement que l'émission: «Recevoir modifie davantage mon être que don-ner.»

C'est leur organe extérieur que les petits garçons craignent de voir maltraiter, mais ils peuvent, eux, en vérifier en tout temps l'intégrité. Ces représentations anciennes laissent des traces dans l'inconscient masculin. Certains hommes garderont le besoin d'incessantes confirmations et réassurances quant à leur virilité. Ils cherchent dans l'accueil de l'autre un démenti à leur intime inquiétude.

À ces peurs subjectives viendront s'ajouter des craintes plus rationnelles autour d'une grossesse non désirée, ou des maladies sexuellement transmissibles.

Les peurs liées aux images de soi

L'intimité inouïe de la rencontre sexuelle fait tomber les masques. C'est une mise à nu, un dévoilement sous le regard de l'autre, et les images de soi, physiques et morales, sont en question. Notre identité d'homme ou de femme, inscrite et bousculée en nous dès la puberté puis selon les enjeux de nos rencontres, est à l'épreuve.

«C'est comment, une vraie femme?»

«Suis-je normale, suis-je un homme manqué, une femme manquée, si je ne me laisse pas faire?»

«Comment se comporterait un vrai homme? Sûrement, il ne se laisserait pas arrêter par la réticence de l'autre, il saurait éveiller son désir...»

«Suis-je "bonne au lit", suis-je un "mauvais coup"?»

Le corps est un univers infini. Une vie ne suffit pas pour en découvrir toutes les plages, les forêts, les rivières et les océans. D'autant plus que ce paysage se modifie sans cesse au fil des ans.

Mais il semble y avoir, dans nos images, des zones interdites, sales, menaçantes. Si une parole circulait sur ces impressions, tel homme pourrait dire: «Tu m'interdis d'embrasser ton sexe car tu es persuadée que c'est sale, ou qu'il n'est pas fait comme celui des autres femmes.» Ou encore: «Je n'accepte pas que tu embrasses le mien, car j'ai toujours cru qu'il était trop petit et disgracieux.»

Et elle pourrait ajouter: «Je sais que tu aimerais que je boive ton sperme... mais ça me dégoûte, je n'arrive pas à m'y faire...» «Mais tu n'as jamais essayé», répondrait-il peut-être.

Les maladies de la comparaison sévissent fort dans la vie sexuelle.

«Mon sexe pend, il est trop large ou trop étroit,
je ne suis pas fait comme les autres, je l'ai bien vu
au service militaire ou sur la plage[1].»

«Heureusement que tu étais vierge quand je t'ai rencontrée, comme cela tu ne pouvais pas me comparer à un bel Hidalgo!»

Que se dit-il du défilé obsédant dans les têtes féminines: «trop grosse», «trop maigre», «trop vieille», «seins flétris», «ventre mou», «cuisses à peau d'orange», «fesses informes», etc.? Les mêmes femmes qui clament: «Je ne suis pas qu'une paire de fesses» s'examinent avec l'œil d'un censeur inexorable, puis elles prêtent ce regard jugeant à leur compagnon.

Cette femme désolée de sentir ses seins perdre leur fermeté ne verra pas ou ne pourra pas croire que son partenaire est ému par la courbe de son épaule ou par le mouvement de son cou.

Hyperconscience des défauts de son corps à elle, fascination féminine actuelle pour l'image d'un corps parfait, mince et lisse. Les journaux féminins sont pleins de photos de femmes. C'est le corps féminin qui intéresse hommes et femmes, avec des enjeux différents.

---

1. Nous ne saurions assez recommander un petit livre merveilleux de Jacques Biolley, *Comme un ciel de Chagall*, Éditions Wällada/Regard Fertile, 1991 dont le sous-titre est: «Chronique extraordinaire d'un pénis ordinaire».
Un pénis y raconte sa vie, au présent, avec tendresse, joyeuseté et tant de vérité. Tous les hommes devraient avoir lu ce livre, et peut-être toutes les femmes aussi. Quelle femme écrira un livre au présent sur la vie du sexe féminin?

Les témoignages des hommes semblent indiquer que, passés les tourments et les fixations de l'adolescence, ils se laissent moins obséder par tel ou tel aspect de leur corps. La plupart du temps, leur calvitie, leur bedaine ou leurs côtes saillantes ne les paniquent pas outre mesure. Leurs inquiétudes paraissent le plus souvent arrimées au «trop petit», au «pas assez longtemps».

> «Je suis trop petit, les femmes aiment les hommes grands.»

> «Je ne suis jamais sûr que mon érection sera assez solide.»

Il est curieux de constater combien souvent la hantise des femmes s'attache au «trop» et celle des hommes au «pas assez».

Les images de soi concernant la morale, la santé psychologique et la notion de performance érotique agitent des peurs tout aussi contraignantes que les inquiétudes esthétiques.

> «Si je montre mes désirs, il va me prendre pour une nymphomane, il va croire que je suis insatiable.»

> «Je crains d'être un bien piètre amant pour elle.»

> «Est-ce normal de...»

La libération sexuelle des années soixante a apporté, en même temps que des ouvertures vers davantage de franchise, de nouvelles normes et codifications. D'où de nouvelles obligations imaginaires, des prétextes variés à la dévalorisation, aux sentiments d'échec et d'insuffisance. Celui ou celle qui «n'atteint» pas l'orgasme façon Masters et Johnson ou façon Kinsey peut croire qu'il doit aller se faire soigner.

Nos grands-mères victoriennes feignaient, dit-on, une bienséante indifférence érotique; le changement de mentalité a amené bien des femmes à feindre le plaisir.

Puritain, refoulé, pudibond, inhibé, névrosé, les disqualifications modernes cohabitent avec les anciennes: obsédé, putain, chienne, bestial, dévergondé, lubrique.

Certains sont déchirés entre des choix de valeurs aussi gravement conflictuelles:

> «Je me sens comme forcée de choisir entre tous les interdits restrictifs de ma culture (je suis d'origine arabe) et cette nouvelle morale contraignante de la libération, où "il faut" être multiorgasmique, "il faut" oser..., "il faut" avoir du plaisir.»

La honte peut ainsi faire feu de tout bois:

> «J'ai honte d'aimer faire l'amour avec mon mari alors que je sais qu'il a plusieurs maîtresses. Une femme bien n'accepterait pas cela.»

> «J'ai honte de ne plus ressentir de désir à mon âge.»

> «J'ai honte d'avoir encore des désirs à mon âge.»

Entre tous les écueils esthétiques, éthiques et techniques, entre toutes les petites et les grandes fractures d'amour-propre de son histoire, chacun tente, en son for intérieur et aux yeux de l'autre, de garder une image de soi acceptable quant aux enjeux de la vie sexuelle.

Mais il vaudrait mieux en parler.

Les peurs liées au pouvoir

La sexualité exerce un immense pouvoir sur les êtres. Pouvoir de séduction, d'attachement, de domination, d'aliénation, de confirmation, pouvoir mystérieux qui atteint des zones centrales en nous. Ce pouvoir suscite des peurs profondes, des réactions viscérales violentes et toutes sortes de craintes plus ou moins fondées.

La vulnérabilité au rejet est à son comble dans le domaine sexuel; la moindre rebuffade provoque une blessure disproportionnée, une menace vitale. C'est souvent cette hypersensibilité qui empêche de parler, tant elle paraît excessive.

> «Je ne peux pas lui dire, tout de même, que lorsqu'il s'est retourné pour prendre un livre alors que je lui souriais et que j'avais posé ma main sur sa cuisse, j'ai ressenti un effrondement total suivi d'une rage monstrueuse!»

Peur de l'abandon (la peur de s'abandonner est liée à la peur d'être abandonné), peur de l'exclusion, peur de l'éloignement, peur de la rétorsion.

> «Si je refuse, il ira vers les autres, il me quittera, ou il ne s'intéressera plus à moi, ou il deviendra agressif, il me le fera payer...»

De tout temps des millions de femmes ont fait l'amour pour des raisons qui avaient peu à voir avec le désir sexuel. Pour l'espoir d'être aimées, par conformisme, par sens d'un dû: «Les maris ont droit à leur plaisir.» Pour accéder par ce biais à leur besoin d'affection, de contact physique et de tendresse, pour être reconnues, par esprit de conciliation, ou par cette tendance qu'elles ont de subordonner leurs besoins aux besoins des autres.

Peur d'être dominé, possédé, capté, dépendant, pris dans le désir de l'autre, ou prisonnier de son propre désir.

> «Je l'ai dans la peau, je n'y peux rien, c'est plus fort que moi.»

«J'ai surtout peur de me faire avoir. Quand je dis non et qu'il parvient tout de même à m'exciter, à réveiller mes émois, j'ai du plaisir mais je lui en veux, je suis furieuse du pouvoir qu'il a sur mon corps...»

«La femme est une dangereuse sirène, qui nous entraîne dans la régression. Il faut donc lui résister... ou la conquérir.»

Les peurs liées au pouvoir proviennent de notre impuissance dans son double aspect:

• Je n'ai pas de pouvoir suffisant sur mes propres pulsions, sur mes réactions, mes désirs, mes angoisses, ma violence, ma peur de la solitude.

«J'accuse l'autre de toujours m'entraîner là où il veut, mais ce sont ma peur d'être seul et mon intolérance à être désapprouvé qui me mènent par le bout du nez.»

• Je n'ai pas de pouvoir sur la spontanéité de l'autre, sur ses désirs, ses sentiments, ses pensées.

Les peurs liées à des interdits

L'énergie sexuelle est une force si formidable et essentielle que toutes les sociétés ont codifié des limites et des interdits pour la contenir. Partout, le pivot des interdits demeure celui de l'inceste.

Tous les enfants traversent les étapes fondamentales de cette découverte difficile à accepter: il y a des désirs qui ne sont pas destinés à être gratifiés.

Nous nous arrêterons plus longtemps sur les méandres du désir et de la peur dans les relations familiales en les illustrant à la fin de ce chapitre par l'étude de quelques enjeux dans la relation père-adolescente. Les peurs liées à l'image du père apparaissent si fréquemment dans les témoignages des femmes qui parlent de leur vie de couple que nous avons consacré une description plus poussée à cette dynamique particulière.

La relation mère-fils est beaucoup moins souvent évoquée directement, quand il s'agit de la sexualité adulte. Le tabou est là probablement encore plus puissant, et les enjeux restent plus inconscients.

Toute famille, toute communauté, toute ethnie véhicule des messages ambivalents à propos du permis et du défendu, du possible et de l'impossible, du bon et du mauvais, du vrai et du faux, du méprisable et de l'admirable dans la sexualité.

Tous, hommes et femmes, nous avons un jour de notre enfance découvert le plaisir génital. Même ceux qui, aujourd'hui, à vingt, quarante ou soixante ans, n'ont pas accès au plaisir. Nous pouvons retrouver dans nos souvenirs un moment particulier de cette découverte et notre réaction, ainsi que la réaction de l'entourage qui a structuré la situation et qui a peut-être suscité peur et embarras.

Nous jouions à papa-maman, nous jouions au docteur...

«Pour moi, raconte cet homme, je me souviens d'une maladie. J'étais alangui, inactif dans la pénombre et mes mains sous les draps ont rencontré quelque chose de très vivant et m'ont procuré une onde de bien-être tout à fait inattendue. À ce moment, ma mère est entrée portant une tisane et s'enquerrant: "Alors alors, qu'est-ce qu'il me fait, ce chéri?" Je me suis trouvé dans une grande confusion. De quoi parlait-elle? De ma maladie? Ou bien avait-elle vu?

«Chaque fois que je sens l'odeur d'une tisane de sauge me revient la mémoire du plaisir et de la honte de cet instant.»

«Moi, dit cette femme, à huit ans, en grimpant à la corde lisse, le frottement a déclenché un trouble, un émoi et à trois mètres du sol j'ai senti mon ventre trembler. J'ai eu si peur de tomber et surtout que les autres en bas aient vu, que j'ai tout bloqué, je suis descendue, et je n'ai plus jamais voulu monter à la corde.

«Cette image fugace m'est revenue la première fois que j'ai senti le plaisir monter en faisant l'amour, et j'ai retrouvé la peur de perdre la tête, de tomber dans un gouffre, de perdre la face, ou même la vie, et tout s'est bloqué.»

Ainsi sommes-nous tous marqués par les événements subjectifs de notre enfance, marqués parfois de façon démesurée par un mot, un message, un regard qui a rejoint en nous les croyances oubliées des premières années de notre vie.

Ce qui permet
à un père de rester un père

«Quand j'étais petite, j'adorais mon père. Il m'emmenait dans la forêt, il me montrait les plantes. Une fois, il m'a installée dans un autobus, c'était lui qui le conduisait, j'étais derrière lui en robe blanche, j'étais fière de lui, je le sentais fier de moi… Plus tard rien n'allait plus entre lui et moi, je ne sais pas ce qui s'est passé…»

Plus tard, c'est souvent vers douze ou treize ans. La relation père-fille se complique singulièrement à l'adolescence. Pendant ces années de passage au sortir de l'enfance, une brusque mise à distance laisse père et fille désemparés, démunis, ne sachant plus comment s'approcher, communiquer ou même simplement se regarder.

Qui a mis cette distance? Elle, lui, les deux? Ils ne savent pas, ne comprennent pas les enjeux de ce changement dans la relation.

Les aléas de cette crise vont s'inscrire profondément dans l'identité de la femme et marquer ses relations avec les hommes. La construction de l'image de soi-femme est influencée de façon incroyablement profonde par le regard du père à l'adolescence.

Que voit la fille dans le regard que son père porte sur son corps transformé? Que ressent le père qui voit sa petite fille devenir femme?

Tous deux semblent souvent aveugles et sourds à comprendre que la crise est liée essentiellement au désir, à la peur et à l'interdit d'un rapprochement sexualisé. Cette dimension est niée, occultée, déplacée sur d'autres enjeux tels que les problèmes d'autorité, d'indépendance, de scolarité ou de systèmes de valeurs.

«À cet âge je m'opposais à mon père sur la politique, les idées sociales, l'économie. Je l'accusais de se laisser exploiter par son employeur et il se sentait humilié, lui qui était estimé de tous. Je le savais, mais je ne pouvais pas m'empêcher de le contrer...»

Même si cet aveuglement est nécessaire (Œdipe se crève les yeux avant de partir sur les routes avec sa fille Antigone), nous pensons qu'il est très important que les femmes comprennent, au moins en partie, comment s'est jouée cette dynamique d'attirance-rejet entre elles et leurs pères. Toute leur relation avec le masculin, en elles et à l'extérieur d'elles, en reste imprégnée.

Projections

Pour l'adolescente, il s'agit moins du père réel que des intentions qu'elle attribue à cet homme à la fois familier et menaçant. Que croit-elle obscurément percevoir de lui vis-à-vis d'elle? Ses constructions et déformations fantasmatiques s'étayeront sur la façon dont elle interprète ses gestes, ses mots, ses comportements à son égard. Sur ce qu'en dit sa mère aussi.

Une des questions essentielles semble être: qui met la distance? Chacun peut avoir tendance à attribuer à l'autre l'initiative dans cette interaction.

Un père divorcé témoigne de ce décalage projectif:

«Lorsqu'elle avait entre quatorze et dix-sept ans, je devais forcer ma fille à venir me voir.

«J'insistais. Alors elle passait, restait vingt minutes, mangeait sans dire un mot, et avait de bonnes raisons pour repartir aussitôt. Plus tard, elle m'a reproché de l'avoir mise à distance pendant ces années-là, de m'être désintéressé d'elle. Elle ne reconnaissait absolument pas ses refus et me voyait, moi, comme rejetant!»

Par le mot «forcer», cet homme exprime bien ce que fantasmatiquement pouvait craindre sa fille.

Sa préoccupation paternelle lui apparaissait dépourvue de toute ambiguïté, mais c'était bien sa présence d'homme, sa sensualité masculine, son énergie sexuée qu'il imposait à sa fille. Sentant la fuite de son enfant, il insistait, et plus il insistait, plus elle ressentait une menace et le besoin de fuir. Il y a là comme une lutte impitoyable entre des attentes «justifiées» et des craintes «injustifiées» au niveau du réel.

Pour les femmes, les questions centrales semblent être les suivantes:

• Qui a déterminé et maintenu les limites nécessaires dans la relation entre elles et leur père? Était-ce lui? Était-ce elles-mêmes? Était-ce la mère?

• Comment ont-elles interprété cette distance?

• Qui a peut-être manqué à son rôle en ne mettant pas de repères, en ne se positionnant pas, en ne rappelant pas le lien?

Pour les pères, nous pouvons nous interroger sur ce thème:

• Qu'est-ce qui permet à un père de rester un père?

• Comment pourra-t-il demeurer proche sans être menaçant et maintenir des limites sans être rejetant?

• Comment pourra-t-il exprimer sa tendresse sans la redouter?

Du côté des filles

Ayant entendu d'innombrables femmes explorer au cours d'un travail de développement personnel leur vécu par rapport à leur père, nous avons relevé deux tendances dominantes apparemment contraires dans l'évocation de leurs sentiments. Nous pouvons les schématiser ainsi:

• Les unes s'étaient surtout senties rejetées, ignorées ou méprisées par leur père. À partir de cette impression, elles entretenaient une dévalorisation de leur féminité, un doute de soi profond dans leurs relations avec les hommes. À leurs yeux, la mise à distance avait été effectuée uniquement par le père, et elles avaient compris qu'elles n'étaient «pas intéressantes», donc ni aimées ni reconnues. C'est la dynamique du **paradis perdu**.

• Les autres s'étaient senties trop aimées par leur père; elles avaient pressenti confusément une menace sexuelle. Autour de ce fantasme ou de cette réalité, elles avaient construit une constellation de peurs, de protections et de culpabilité. Souvent moins dévalorisées que les premières quant à leur capacité d'être séduisantes, elles manifestaient un grand besoin de contrôle sur elles-mêmes et sur les autres. Elles découvraient qu'elles avaient cru devoir instaurer elles-mêmes des barrières entre leur père et elles. Parfois, elles restaient prises dans la séduction du père et recherchaient en vain un modèle semblable, ou au contraire s'attachaient à des hommes qui étaient son opposé. Elles lui restaient ainsi fidèles en ne lui donnant pas de rival qui soit à sa hauteur. C'est la dynamique de la **fille préférée**.

Paradis perdu

Beaucoup de jeunes filles s'étonnent et se désolent d'un changement d'attitude chez leur père à un moment où elles sont devenues «trop grandes». Passer de l'âge de «mon petit papa» à celui de «cet homme mon père» est difficile, douloureux.

«J'ai de merveilleux souvenirs avec mon père. Il me prenait sur ses épaules au défilé de la fête nationale. Je jouais avec ses cheveux, je lui mettais les doigts dans les oreilles. Souvent il jouait, il me chatouillait, ou riait. Et puis, c'est comme si tout à coup, il n'avait plus voulu de moi. Il paraît que j'étais trop grande pour aller sur ses genoux. Je me suis sentie rejetée, et je n'ai rien compris. Il ne s'intéressait plus qu'à mes résultats scolaires, quelque chose s'est cassé entre nous et ne s'est jamais renoué.»

Dans les discours nostalgiques, revient souvent ce «je n'ai pas compris». Cache-t-il parfois un «j'ai trop bien compris»?

Au temps de l'innocence succède l'irruption d'une menace sexuée qui semble briser une idylle sans danger... Il peut y avoir dans les jeux d'une petite fille avec son père une incroyable sensualité joyeuse, une tendresse corporelle libre et inventive, la chaleur des rires et de l'imaginaire. Les petites filles montrent un érotisme à fleur de peau, une faculté de plaisir qui peut déclencher une réponse de la sexualité adulte de l'homme. D'où un risque de réponse pervertie, c'est-à-dire détournée du sens ludique et tendre des échanges corporels entre parents et enfants.

Comment et quand ces jeux cessent-ils? Un signe infime semble mettre brusquement un halte-là. Une parole ou un regard de la mère peut-être, ou une réaction du père prenant soudain conscience de son sexe dans un corps à corps ludique. D'où retrait, refus, mise à distance, que la fille interprétera peut-être à sa façon: «Il ne m'aime plus.» Parfois, elle ne s'apercevra pas que c'est elle-même qui a mis fin à ces jeux. Une gêne s'est installée, une parole impossible à dire. La gêne naît du silence, et l'engendre.

«Nous n'avions plus rien à nous dire, nous qui avions tant bavardé ensemble. Nos regards se croisaient à peine, nous étions devenus étrangers l'un à l'autre.»

Sentant confusément que leur féminité qui se déploie est la fauteuse de trouble, certaines filles vont tenter de la rejeter, de la nier, de l'annuler. Elles s'efforcent par exemple de développer des qualités essentiellement masculines. Elles essayent ainsi de reconquérir le père sur un terrain d'échanges sans danger. Certaines accumuleront diplômes, licences et doctorats, cherchant une reconnaissance déplacée qui les mettrait hors d'atteinte. Elles se plaindront plus tard que leur féminité n'ait pas été reconnue par leur père, alors qu'elle ne l'a peut-être été que trop par cet homme qui en avait peur. Peur de ses propres désirs, ou peur de reconnaître les aspects féminins en lui.

Les hommes qui ne peuvent exprimer et laisser vivre leurs émotions et leurs sentiments, qui semblent les mépriser, transmettent à leurs filles une dévalorisation du féminin. Elles comprennent que pour ne pas décevoir davantage, il convient de refouler les sentiments et la sensualité au profit du rationnel, du pragmatique et de la réussite sociale.

Fille préférée

«Il m'appelait sa fille préférée, et comme je n'avais que des frères, j'aimais bien cela. Mais un jour, j'ai soudain eu l'impression que c'était à ma mère qu'il me préférait, et j'ai eu peur.»

Dans la rivalité mère-fille, il est plus périlleux pour la fille de gagner que de perdre. Certaines filles, devant la menace que suscite leur séduction, vont s'arranger pour saboter leur apparence, pour s'enlaidir et se désexualiser. Elles prendront par exemple des dizaines de kilos, mettant une barrière de graisse à la mesure du désir qu'elles fantasment chez leur père! D'autres se dé-féminiseront par un amaigrissement spectaculaire qui effacera leur poitrine et leurs hanches et fera cesser leurs règles.

Patricia, elle, découvre que l'enfant qu'elle a eu précocement servait aussi à mettre une barrière entre elle et son père, comme pour signifier: «Tu vois, c'est avec un autre que je fais l'amour.»

Barrière ambiguë, car elle a eu cet enfant avec un homme qui a l'âge de son père et qui s'est empressé de disparaître. L'enfant-protection devient alors un lien avec son père à elle. Car ce père vient en aide à sa fille en l'aidant à élever l'enfant et, fantasmatiquement, «ils pourraient l'avoir fait ensemble». En même temps, le père peut enfin se montrer père avec le fils de sa fille.

Beaucoup d'adolescentes éprouvent un besoin de fuir, de partir en voyage, de faire des études dans une ville éloignée, d'être à la maison le moins possible. Elles ont mille façons d'éviter de se trouver seule avec leur père.

— Je peux te conduire en voiture si tu veux.
— Oh non non, je prends mon vélo.

Innombrables sont les tactiques d'évitement que produisent les filles qui se sentent menacées. Certaines peuvent même parvenir à stopper leur développement, à rester des petites filles, à nier leur évolution: «En restant petite, je ne te perds pas comme papa.» En tombant malades, elles remettent leurs parents dans une relation de soins et de sollicitude qui élimine la rivalité avec la mère, qui éloigne la menace érotique. Car la menace, pour la fille préférée, est double: à l'angoisse d'un rapprochement sexuel fantasmé avec le père s'ajoute la peur de l'agressivité, de la jalousie, du rejet voire de la destruction par la mère.

Nous voyons aussi des filles prétendre que leur père aurait certainement préféré un fils, et s'efforcer d'agir comme un garçon et d'en paraître un.

L'angoisse de viol, d'intrusion, d'effraction, de pénétration forcée se manifeste fréquemment dans les rêves des adolescentes. Et l'agresseur prend parfois figure de l'homme le plus proche, le plus familier, celui qui a été côtoyé le plus intimement, le père. De tels rêves évidemment ne peuvent être «parlés», médiatisés par une parole, ils paraissent monstrueux ou trop honteux. Ils vont donc être refoulés aussi. Cette angoisse peut se déplacer et se transformer en phobies des voleurs, ou de certains animaux.

Il existe inconsciemment chez toute fille une crainte que le père sorte de son rôle et laisse surgir l'homme instinctif et primitif qu'il porte en lui. Elles ont peur surtout des émois qu'une présence masculine provoque en elles.

Beaucoup de filles d'alcooliques appréhendent la perte de contrôle qui pourrait advenir chez leur père. Elles découvrent que c'est davantage un passage à l'acte sexuel que les coups qu'elles craignent. Nous les voyons parfois construire à partir de cette frayeur un extrême besoin de contrôle de soi, et une tendance à contrôler les autres et les relations. Le choix d'un partenaire sera fortement coloré par cette dynamique de maîtrise.

> «Mon père était vigneron, il buvait pas mal, et quand ma mère me demandait d'aller le chercher à la cave pour le repas, j'étais terrorisée. J'imaginais des monstres dans les recoins d'ombre, mais je vois maintenant que c'est de lui que j'avais peur, de ce qui se dégageait de lui. Je l'avais si souvent vu perdre la maîtrise de soi.»

Une autre tactique de protection des filles consiste à nier toute libido chez le père, à le voir comme asexué. Le sexe paternel n'existe pas: «Oh mon papa, c'est un gentil petit papa! En tout cas, il ne pense pas à ça.»

Le désir est toujours attribué à l'homme

Il est déjà difficile et étonnant pour beaucoup de femmes de réaliser qu'elles ont pressenti ou imaginé chez leur père un désir sexuel envers elles. Quant à explorer et à reconnaître chez elles un désir envers lui, elles n'y parviennent qu'au cours d'une démarche personnelle très poussée. Elles le découvriront parfois sous des couches de peurs, de dénis et de refus qui peuvent prendre la forme d'un dégoût.

> «Je ne peux pas toucher mon père, son corps me dégoûte. Sa peau, ses poils, son odeur me répugnent...»

D'une façon générale les messages qui circulent dans les familles et dans la société attribuent le désir sexuel à l'homme, et nient l'existence du désir féminin. L'avertissement est lancé à tant de filles lorsqu'elles deviennent pubères: «Fais attention aux hommes, ils ne pensent qu'à ça.»

Et chacune comprend que «ça», c'est faire l'amour, obtenir une relation sexuelle. Cela laisse croire que le désir est toujours chez le garçon; les filles, les femmes sont censées ne pas avoir de désir. Ou lorsque le désir féminin est mentionné, il est assorti de dévalorisation massive, et associé aux qualificatifs de putain, vicieuse, fille facile, Marie-couche-toi-là, etc.

Si elle est attentive, la jeune fille découvrira plus tard que ce «ça» recouvre un autre sens: ce que l'homme désire et cherche à connaître, c'est justement le désir féminin dirigé vers lui.

Le malentendu se perpétue dans la vie de couple. L'homme demande «ça» (le désir féminin) et la femme entend «ça» (le désir masculin) ou vice-versa parfois. Quelle ambiguïté dans ce message donné aux filles par leurs pères: «Attention! ils sont tous les mêmes...»! Cela signifie ou bien que le père n'est pas un homme comme les autres, ou bien que la fille aura à se méfier de lui aussi.

Les mères, qui pourtant devraient en savoir plus long, jouent sur le même registre. Elles n'avertissent pas leurs filles qu'elles auront à gérer leurs propres désirs, désir de séduire et désir sexuel, mais situent la pulsion à l'extérieur: ce seront les garçons, les hommes qu'elles auront à contrôler.

Passages à l'acte

Nous avons entendu de nombreux témoignages de passages à l'acte incestueux, par viol ou par séduction. Nous ne les évoquerons pas ici, où nous nous attachons à relever quelques stratégies mises en place par les pères et par les filles pour se protéger et éviter la transgression d'une loi humaine essentielle: l'interdit incestueux.

Nous avons vu cependant toutes sortes de passages à l'acte réactionnels à cette problématique d'attirance et de rejet entre père et fille.

La violence verbale peut faire soudain irruption dans le discours du père emporté par une pulsion obscure. Un vocabulaire nouveau, surprenant, cru et grossier peut jaillir à l'occasion et exercer un véritable «viol verbal» sur la fille.

«Tu ne vas pas te faire sauter par le premier venu, tout de même!»

«Si tu commences à quinze ans à te dévergonder, tu seras à vingt ans comme une vieille putain flétrie!»

«Autant montrer ton cul sur la place publique que de porter une mini-jupe pareille!»

Une jeune fille s'était sentie violentée par une question brutale de son père: «T'as déjà fait l'amour, toi?»
Elle avait cependant répondu la vérité: «Oui, papa, cela m'est déjà arrivé», sans prévoir la rage passionnelle qu'elle allait déclencher. Rage qui trouva un exutoire dans la grossièreté verbale, dans la salissure du commentaire: «Eh voilà, ça se fait tringler à tous les coins de rue!»

Certains pères se laissent aller à des passages à l'acte physiques sur leur fille, à des violences apparemment dénuées de sexualité: ils la battent, la giflent, la fessent parfois. Ils semblent ainsi tenter de remettre la jeune fille dans une position d'enfant, et nous pouvons nous demander si ce n'est pas sur leurs propres désirs qu'ils tapent. L'extrême contrôle que quelques pères prétendent devoir effectuer sur la sexualité de leur fille prend aussi figure de passages à l'acte. Les sorties et les fréquentations font l'objet d'interdits et d'interrogatoires démesurés; les amis sont violemment critiqués, humiliés, voire mis à la porte. Là aussi, nous pouvons penser que ce sont leurs désirs et leurs pulsions de jalousie possessive que ces hommes tentent de contrôler de façon déplacée.

D'autres pères au contraire semblent insidieusement pousser leur fille à vivre une sexualité précoce. Ils acceptent

aisément qu'elle passe la nuit avec un ami sous le toit paternel, ce qui les protège un peu, mais les fait fantasmer.

Malgré que cela soit généralement nié, les pères n'échappent pas à une sorte de stimulation érotique, dans le côtoie-
ment intime de la vie quotidienne avec une adolescente.
Dans la grisaille du couple conjugal, une jeune fille, aimée
depuis sa naissance, est là, comme offerte, dans la maison.
Nue dans la salle de bain qui n'est pas fermée à clef, circulant
plus ou moins déshabillée dans les corridors, vautrée sur le
canapé, si belle et fraîche sous le jet au jardin, alanguie au
petit déjeuner...

> «Mon père est un homme calme et pondéré,
> j'étais à l'aise avec lui. Et un jour, j'avais seize ans,
> il est entré dans ma chambre pour réparer une prise
> électrique, j'étais en train de me déshabiller et sou-
> dain il a littéralement sauté sur moi. J'ai crié: "Papa
> je suis ta fille" et il s'est arrêté, abasourdi par ce
> qu'il avait fait. Il est sorti comme un fou, sans rien
> dire. Nous n'avons jamais reparlé de cela.»

Ainsi peut se manifester brusquement un désir sauvage,
une pulsion incoercible. De façon inattendue, comme si un
barrage cédait, comme si l'homme se donnait tout à coup une
autorisation insensée. Dans cette situation, c'est le positionnement clair de la fille (elle a su nommer la relation: «je suis
ta fille») qui a permis au père de se ressaisir.

Passages à l'acte aussi, les attitudes de ces pères qui
s'enferment dans le refus et le silence.

> «Jusqu'à treize ans, mon père s'est beaucoup
> occupé de moi et de mon éducation. Puis c'est comme
> s'il avait démissionné. Il me renvoyait chaque fois à
> ma mère pour les autorisations que je demandais
> comme pour les questions que je posais; cela ne le
> concernait plus. Pour ma sœur, ça s'est passé de la
> même façon, au même âge.»

La protection ici est mise par le silence, par l'isolement, le refus de contact. Et paradoxalement, c'est ce refus-protection qui va permettre à ce père de rester père.

Désir barré

Il semble que les filles aient besoin, pour avoir confiance en elles, que leur féminité soit appréciée par leur père, et autorisée par leur mère.

Être reconnue comme aimable par le père aura pour la fille plus d'importance que toutes les confirmations maternelles. Mais le chemin de l'équilibre est étroit et la frontière, fragile. Car si les filles souhaitent être vues comme désirables par le père, elles ont peur de s'imaginer désirées par lui.

Une jeune femme résumait ainsi cette attente paradoxale:

«Je voudrais que mon père me voie comme une femme, mais pas qu'il me regarde comme une femme. Le jour où il a dit en riant, très détendu: «Elle est bien foutue, ma fille!» cela m'a fait un bien immense. J'avais vingt-sept ans, j'attendais cela depuis quinze ans!»

Une autre adressait à son père une question à laquelle il était impossible de répondre: «Si je n'étais pas ta fille, est-ce que tu aurais du désir pour moi?»

Les filles ont besoin de sentir leur père sensible à leur charme et elles ont besoin d'avoir la certitude que le désir éventuel du père sera solidement barré et barré par lui-même, quelle que soit la séduction qu'elles s'exercent à déployer. Il leur est nécessaire d'échouer à le séduire. Faute de cette certitude, elles dresseront des barrières plus ou moins autodestructrices.

Le positionnement de la mère est certes très important. Si sa relation avec son mari est restée vivante, si elle a clarifié sa relation passée avec son propre père, elle représentera un obstacle, une limite, et contiendra l'angoisse d'un rapprochement trop intime entre père et adolescente.

Mais si ce garde-fou n'est pas intériorisé par le père, il sera vain, il ne rassurera pas la fille. Nous avons souvent entendu que des passages à l'acte avaient eu lieu pendant les absences de la mère, notamment pendant des hospitalisations qui déstabilisaient et angoissaient le père.

De nombreux pères barrent tellement leur désir qu'ils ne le reconnaissent absolument pas. Ils peuvent aller jusqu'à ne pas voir que leur fille devient une femme; pour eux, elle reste une petite fille.

La tentative de nier la différence entre tendresse et érotisme revient à nier l'interdit de l'inceste.

> Un père s'inquiétait de voir sa fille de quinze ans prendre devant lui des attitudes très séductrices envers des hommes mariés de leur entourage. Il lui faisait des remarques gênées, qui toujours la renvoyait à son statut d'enfant: «Mais tu n'es qu'une gamine, tu as l'air d'un clown avec ce maquillage!»
>
> Humiliée, elle continuait de plus belle ses provocations, jusqu'au jour où il put lui dire: «Je vois bien que tu es devenue une jeune fille très attirante, et à cause de cela, il peut être dangereux pour toi de jouer à séduire ces hommes.»
>
> Elle n'eut alors plus besoin d'exhiber ce qui était reconnu et mis en mots.

Une parole structurante, qui énonce les enjeux réels des relations, est le plus beau cadeau que les parents puissent faire à leurs enfants. La parole juste est très difficile à trouver dans cette dynamique si délicate et si chargée d'affects pour chacun, mais elle est essentielle: elle permettra d'éviter les passages à l'acte et les déplacements intempestifs.

Qu'est-ce qui permet à un père de rester un père et de trouver la bonne distance?

Comment le père se protégera-t-il de cette enfant devenue trop séduisante? Au-delà de tous les évitements, passages à l'acte déplacés et mises à distance compulsives que nous avons évoqués, au-delà bien sûr de la peur du policier et de la crainte des conséquences, le seul bastion qui garantisse qu'un père reste un père pour sa fille consiste en une éthique personnelle sûre. Elle s'appuie sur:

- une intériorisation de l'interdit de l'inceste construite sur sa propre expérience des limites imposées au désir œdipien;
- une maîtrise de ses impulsions basée sur la lucidité et sur la connaissance de soi;
- le désir et le plaisir d'assumer la responsabilité paternelle, d'être un bon père, celui qui protège sa fille même contre lui-même, qui la guide vers une séparation, vers le monde extérieur.

Bien sûr, une partenaire qui tient sa position de femme et ne s'enferme pas uniquement dans le rôle de mère représentera une aide essentielle, mais cela n'est pas suffisant. Car ces limites doivent être maintenues également par les pères qui vivent seuls.

Comme dans toutes les relations proches, il y a dans la relation père-fille un potentiel de ressources qui ne peut se réaliser que s'il y a une distance adéquate, une distance qui permette à chacun d'être vu et de se faire reconnaître à partir d'un lien central: le lien paternel et filial.

Oui, j'étais un homme de peurs
Ah! mes peurs, parlons-en!

Pendant longtemps dans ma vie d'enfant,
puis d'adulte, elles furent sans cesse présentes,
énormes ou subtiles, effrayantes et toujours tenaces.
Au début, j'ai tenté de tricher avec elles,
de faire le sourd ou le superbe.
J'ai essayé par tous les moyens de les tromper,
de les oublier, de les rejeter loin
dans les ténèbres de mes oublis.
Ah! que d'efforts, que de violences, que d'énergies
pour les maintenir au plus bas,
pour les minimiser, pour les nier!
Oui, j'ai tenté aussi de les apprivoiser, de les amadouer,
de les séduire en les expliquant, en les analysant,
en les écoutant même parfois.
Mais tout au fond de moi, restait la peur d'être dominé,
envahi surtout.
J'étais traqué, bloqué dans mes ressources,
plein d'incertitudes sur mes possibles.
Je ne savais pas que le possible
est juste un tout petit pas à faire
après l'impossible.
Et puis un jour, j'ai découvert que derrière chaque peur
il y avait un désir, et même parfois plusieurs désirs.
J'ai changé mon regard, mon écoute.
Je ne vous ai plus combattues, mes peurs
j'ai arrêté de vous refouler, de vous maltraiter.
Il me suffisait de vous écouter, d'entendre le message
dont vous étiez porteuses.
De reconnaître derrière chacune d'entre vous,
le désir chétif ou puissant qui se cherchait.

Ah! mes peurs, vous m'en avez appris sur eux,
vous m'avez fait découvrir
tout ce que je tentais désespérément de cacher, d'annuler…
l'incroyable énergie de mes désirs.
Aujourd'hui mes peurs, je n'ai plus peur de vous.

Témoignages

Ce morceau de chair flasque me soulève le cœur. Je suis toujours obligée de fermer les yeux et je n'ai jamais pu toucher ça. Ce n'est pas moi qui vous ferai l'apologie du sexe des hommes. Je garde une colère viscérale, quasi permanente à leur égard.

Comment j'ai découvert le sexe des hommes? À six ans avec mon grand-père dans sa cave à vin. Il ne m'a jamais touchée, ni forcée à quoi que ce soit, mais dès qu'il était dans sa cave, il déboutonnait son pantalon retenu par des bretelles et laissait pendre son sexe à l'extérieur. Tout cela comme si c'était nécessaire à son activité de viticulteur.

J'ai tenté d'en parler à ma mère, elle m'a seulement demandé: «Est-ce qu'il t'a fait quelque chose?»

Je me sentais presque accusée qu'il n'ait rien fait et je dus reconnaître que non, il n'avait rien fait. Ma mère mit fin à la conversation par cette phrase sibylline: «Tant qu'il n'a rien fait, on ne peut rien dire.»

J'allais toujours me souvenir de cela et par une curieuse cécité et surdité, j'ai eu des années plus tard, sans m'en rendre compte, des comportements semblables avec mes deux filles. À plusieurs reprises, elles ont tenté de m'avertir du comportement de notre voisin. Et moi, je répétais bêtement: «Tant qu'il n'a rien fait sur vous, on ne peut pas se plaindre.»

J'ai mis six mois à découvrir que c'étaient elles qui faisaient sur lui, en le masturbant contre des *chewing-gums*. C'est fou notre aveuglement. J'aurais voulu tuer ce voisin, mais ma colère était dirigée contre moi.

J'ai appris aujourd'hui à parler de tout ça, à parler de moi comme petite fille, comme jeune fille, comme jeune femme et aujourd'hui aussi comme grand-mère.

***

Petite fille de six ans, j'entendais de l'autre côté de la cloison mon père donner des coups de pied à ma mère. Du moins c'est comme ça que je voyais cela. J'ai pensé alors que les hommes étaient violents et sales.

Adolescente, je réparais cette vision trop pessimiste en imaginant qu'un cavalier blanc viendrait me chercher, mais tous les autres hommes restaient eux nécessairement violents et sales.

Mon mari n'était pas le cavalier blanc tant attendu, je l'ai épousé presque par désespoir, et pendant des années je ne pouvais m'empêcher d'imaginer qu'il allait me donner des coups de pied.

Ce n'est qu'au moment où j'ai entendu, dans un groupe de travail, une femme témoigner que les coups de pied qu'elle avait entendus elle aussi voulaient dire «faire l'amour», que toutes mes peurs sont tombées. D'un seul coup, les hommes n'étaient plus violents.

Je me sens ridicule de dire cela et pourtant, je me suis sentie tellement libérée!...

***

Je suis arrivée dans ma vie d'adulte avec des montagnes de peurs liées surtout au silence sur ma propre image, sur mon corps.

Je n'ai jamais laissé regarder mon sexe par mon partenaire, quelque chose me retenait, l'impression diffuse qu'il était laid, dysharmonieux. J'ai cru longtemps que c'était sale et répugnant. Laisser voir mon sexe, c'était comme laisser voir à l'intérieur de mon propre désir. Tout se passait comme si la bonne image de moi devait être préservée en permanence. Il me semble y avoir dans l'éducation actuelle un véritable malentendu. La prétention à vouloir faire de l'éducation sexuelle, c'est-à-dire à parler d'anatomie, d'organes génitaux, de la procréation ou de la contraception, alors que c'est de plaisir qu'il faudrait parler. C'est de la façon dont le corps est traversé d'émois, d'éveils, de ruptures, entre deux états.

La sexualité témoigne toujours d'un passage entre deux états d'évolution. Il n'est pas facile de passer de l'état de bébé à l'état d'enfant et de l'état d'enfant à l'état d'adolescent, de celui d'adolescent à l'état d'adulte. Tout au long de ma vie de femme, les découvertes et les changements dans ma sexualité ont correspondu à un changement d'état, à un passage.

***

Mon frère était le seul garçon que je ne mettais pas du côté des hommes. C'était pas un salaud, lui! C'était mon frère.

Est-ce pour cela que moi, si méfiante, j'ai été si aveugle? C'était mon frère, il ne pouvait pas me faire du mal, il me défendait contre tous les autres. Il avait le droit d'être tendre et câlin. Ma confiance était si grande que je pouvais même m'endormir dans ses bras... En ai-je mis du temps à oser comprendre! Ou avais-je tant besoin de vivre cela avec ma fiction à moi?

Un soir, j'ai ouvert les yeux, mes sens aussi et j'ai bien été obligée de découvrir que mon frère aussi était un homme! Il se masturbait près de moi, si absorbé qu'il ne vit pas ma détresse. Je feignis de dormir... mais ce fut la dernière fois.

Combien d'années ai-je mis à apprivoiser un homme, à me laisser apprivoiser?

Plusieurs siècles certainement, si j'en juge non par mon âge mais par mes peurs.

***

L'amour pour moi me paraît incompatible avec cet immense besoin de sécurité que j'ai. Car l'amour est synonyme d'imprévisible et donc de menaces. J'ai tellement, tellement besoin d'être rassurée que je ne peux prendre le risque d'être aimée. Je ne peux qu'aimer des hommes inaccessibles, je n'ai ainsi pas la crainte d'être touchée ou atteinte par leur amour.

***

L'intimité, c'est aussi le risque de la violence, de sa colère. Après dix ans de relation, je découvre que ce que je redoute le plus, que ma plus grande peur, c'est de déclencher une de ses colères terribles, qui me dépasserait, et me donnerait envie de fuir et de tout détruire.

Une simple intonation de voix plus froide au téléphone, une parole un peu pressée, un peu étrangère, sans tendresse et je me ferme. J'érige tout de suite des remparts, je m'isole, et je lui fais des reproches silencieusement mais avec tant de violence qu'il n'est pas possible qu'il n'entende pas. Je voudrais qu'il vienne à moi, honteux, repenti, agenouillé, le nez humide dans mes mains crispées, qui hésiteraient encore un peu à accepter son hommage.

La différence, je la comprends aujourd'hui, c'est que face à des violences irréelles que j'anticipe seulement, moi je lui fais vivre des violences réelles.

***

À seize ans, j'ai dévoré avec délice un guide Marabout sur la sexualité. Ce livre avait éveillé une grave question: et si j'ai envie de faire pipi pendant l'amour, si je n'arrive pas à me retenir... cela m'angoissait. J'ai lu quelque chose sur la beauté du ventre plat des jeunes filles. Ce que j'ai traduit par ventre plat égale pas de sexualité et, par voie de conséquence, sexualité chez la femme égale gros ventre laid. Et je me souviens très nettement de ma peur, de ma terreur d'enlaidir le corps d'une femme en lui faisant l'amour. Et je trouvais mauvais d'avoir un désir sexuel, puisque ce désir risquait de faire mal à quelqu'un. Aujourd'hui, cette peur est toujours présente en moi, elle se nourrit d'une colère contre mon père, que je rends responsable d'avoir abîmé le corps de ma mère. Il y a une clef dans tout ça pour mon éjaculation précoce, car la honte de mon désir m'habite toujours.

***

C'est moi qui douchais ma fille. Depuis toujours «le bain c'est avec papa». Ce jour-là, ma femme était dans la salle de bain. À un moment donné, ma fille a ouvert ses jambes et m'a dit: «Rince-moi bien, rince-moi partout.»

Ma femme a réagi en disant gentiment à ma fille: «Tiens, tiens! Avec moi tu ne fais pas ça!» J'ai soudain pris conscience que ma fille prenait du plaisir avec mon geste et j'en ai été gêné. À partir de ce jour-là, j'ai renoncé à doucher ma fille. Je lui ai dit que je pensais qu'elle était assez grande pour le faire seule. Elle a fait durant des semaines plusieurs tentatives: «Rien que pour me rincer...», demandait-elle.

Un jour elle m'a dit: «Tu ne veux plus à cause de maman», et je me suis étonné de lui répondre: «Non, pas à cause de maman, à cause de toi, tu grandis réellement.»

***

À une époque où il y a la tentation, liée à la menace et à l'épouvante du sida, de réguler et d'ordonner l'intime, de baliser le charnel, de modeler la rencontre sexuelle sur la pratique des préservatifs, je voudrais proposer la liberté d'une parole. Au-delà de la solitude d'un témoignage, créer un partage possible sur un sujet délicat.

En mêlant ici la difficulté d'une parole sur l'amour et l'intensité d'une parole d'amour. J'aime faire l'amour et je rencontre des partenaires qui adorent cela, sans complexe, avec une liberté que je n'atteins pas toujours, moi qui me crois libéré. Des femmes pour lesquelles la rencontre des plaisirs est aussi une attente et un souhait et même un projet de vie.

Et bien sûr nous parlons de cette liberté conditionnelle de partager nos corps, d'introduire risques et méfiance ou abandon et confiance. Qui prend le risque? Qui fait prendre le risque à un autre, à une autre s'il s'agit de relation tierce?

— Je te fais confiance, mais je ne peux faire confiance à qui tu fréquentes.

— Je me fais confiance, mais je ne peux engager un autre, qui me fait confiance.

Il n'y a aucune réponse à ces interrogations, aucune certitude à avancer. Et je trouve émouvant, pathétiquement émouvant le choix qui sera fait de vivre l'amour avec ou sans préservatif. L'un osant dire: «Je n'ai pas d'angoisse mais je peux entendre la tienne», l'autre murmurant: «J'ai trop d'angoisse et j'ai besoin de ton aide pour la vivre à minima.»

Au-delà des peurs et des risques qu'il y a aujourd'hui dans toute rencontre, je ne fais l'apologie d'aucune attitude ou pratique, mais le fondement sur lequel je m'appuie est le respect de moi confirmé par le respect de l'autre... Et j'avance ainsi positivement protégé par une mise en mots, provisoirement épargné des risques de la liberté.

***

Mon mari est artiste peintre, il travaille à la maison. Quand je rentre à midi, j'ai parfois une envie folle de faire l'amour. Et lui, dans ces moments-là, gêné à cause des enfants qui sont présents, me fuit presque. Alors qu'il est habituellement très demandeur. Et le soir de ces midis, il vient vers moi, habité de tout ce qui circulait entre nous quelques heures auparavant. Mais chez moi, le désir est parti.

Je n'ai jamais osé dire à mes enfants: «J'ai besoin d'un peu ou de beaucoup de temps avec mon mari, seulement nous deux. Je vous demande d'aller jouer dehors.»

Il y a quelques mois, j'ai vu un film magnifique, *URGA*, où, quand l'homme et la femme ont envie de faire l'amour, ils s'éloignent de la tente commune. Cela se passe en Mongolie, je crois, et en pleine steppe, ils plantent l'*urga*, long bâton où flotte un chiffon de couleur pour signaler leur besoin d'intimité.

Comment pourrions-nous inventer un *urga* à nous?

***

Pendant des années, j'étais en conflit entre mes différents rôles de femme, d'ex-épouse, de mère, de professionnelle.

Par exemple, trois ans après mon divorce, je cachais encore mon ami à mes enfants. Il me rejoignait le soir... quand ils étaient endormis. Je me sentais coupable de «tromper leur père» alors qu'il était lui-même remarié depuis deux ans.

Ce qui m'a réveillée, c'est une remarque de mon ex-mari à propos d'un projet de vacances au Club méditerranée: «Tu ne vas pas dire aux enfants que tu passes tes vacances dans un endroit pareil!» Ma culpabilité autour de ma vie affective et sexuelle est tombée d'un seul coup. Ma propre liberté a dû être entendue car quelques jours après, mon fils Jérémie m'a dit: «Tu sais maman, ton copain Paul peut venir quand il veut dormir avec toi. Je ne lui en veux plus.» Puis il a ajouté: «Parce que je sais qu'il t'aime très fort.» J'ai compris ainsi que mon fils n'avait plus peur de me perdre comme au moment de la séparation. Il ne se sentait plus responsable de mon bonheur. Quelle charge il avait pris sur lui pendant trois ans!

Puis c'est ma fille de seize ans, Jessica, qui m'a dit l'autre jour: «De toute façon, nous les femmes, nous avons beaucoup de pouvoir sur les hommes, même s'ils ne le savent pas. Surtout quand ils sont amoureux! Regarde papa avec sa nouvelle femme, elle en fait ce qu'elle veut. Heureusement qu'elle n'est pas vache avec lui!»

***

Quand nous allons dans sa famille, je n'ai plus un mari, j'ai devant moi «un petit garçon apeuré, inquiet du plaisir ou du déplaisir de sa mère...». Mes enfants ont dit un jour dans la voiture, sur le chemin du retour d'un de ces fameux weekends: «Il est drôle, papa, quand il est devant grand-mère, il ne sait jamais rien. À la maison, il est incollable, il sait tout.»

***

III

Langage de l'imaginaire

Nous entrons dans la communication sexuelle avec un ensemble de croyances et de savoirs implicites, plus ou moins chaotiques, que nous avons commencé à construire très tôt dans notre vie.

Dès l'âge de deux ou trois ans, nous avons entrepris une recherche passionnée pour tenter de nous représenter le mystère de la différence des sexes, l'énigme de l'origine des bébés et de ce qu'il y a à l'intérieur du ventre. Nous nous sommes composé un savoir personnel en échafaudant des théories à partir de morceaux de puzzle éparpillés, en captant des signes partout autour de nous, en organisant des images à partir d'événements vus, de mots entendus, de sensations vécues dans notre corps. En interrogeant aussi, par des questions simplistes dont la profondeur échappait aux adultes qui tentaient de répondre... aux questions, sans entendre toutes les interrogations qu'elles contenaient. En affirmant aussi avec des certitudes péremptoires, comme cette petite fille qui pensait que «si le bébé continuait de pleurer, on le remettrait dans le ventre...».

Questionnements, affirmations ne sont que l'écume de l'intense curiosité qui habite tout enfant. Les hypothèses que nous avons bâties ont pris pour chacun une coloration particulière; elles ont été élaborées dans une cohérence subjective sans cesse remise en cause par de nouvelles observations.

Que ressent, par exemple, l'enfant qui s'est fait une idée de ce qui peut bien se passer entre papa et maman et qui, regardant deux chiens collés et agités, voit la voisine surgir pour leur lancer une casserole d'eau?

À quelle conclusion parvient l'enfant qui apercevait autrefois le linge de sa mère taché de sang ou qui découvre les petits sacs bleutés d'aujourd'hui...?

Et celui qui entend qu'un bébé est sur le point de naître, car sa tante a perdu les «os»? Cette perte des «os» suscitera regard, curiosité, questions indirectes, tant est immense le décalage entre ce que l'enfant entend et ce qu'il voit.

> Une petite fille écoute sa mère parler avec une voisine: «Vous avez vraiment un gros ventre, on dirait que vous êtes enceinte de plus de six mois.»
>
> Et cette mère s'adresse à sa fille une demi-heure plus tard: «Dis, tu as un gros ventre, tu as été à la selle ce matin?» L'enfant développe alors une constipation opiniâtre, à laquelle personne ne comprend rien.

Il y a beaucoup de collusion imaginaire sur le contour du ventre. Là où les adultes savent et ne voient que rondeurs prometteuses, l'enfant voit, entend des horreurs insupportables où se mêlent bébé, caca, nourriture, colères et anxiété...

Cette recherche tâtonnante et expérimentale est nécessaire; elle est dynamique et structurante. C'est une véritable investigation scientifique qui tente de comprendre les lois du monde à partir d'observations et d'intuitions.

Les informations fournies par les adultes ne tombent jamais dans un terrain vierge: elles viendront s'inscrire dans nos mouvantes constructions sans nous faire vraiment abandonner les prémisses à la fois aberrantes et significatives pour nous que nous avions personnellement établies.

> Tel petit garçon, à qui des parents libéraux avaient parlé de la sexualité, ne voulait plus faire pipi. Il nous raconte, vingt ans plus tard: «J'avais bien entendu qu'il y avait des petites graines à bébé

dans mon sexe, et j'avais peur que les graines tombent dans les toilettes et se noient!»

Ce ne sont pas seulement les adultes qui donnent des informations. Les frères et sœurs, les camarades, tous des chercheurs infatigables poursuivant leurs investigations dans le même domaine, communiquent leurs découvertes et leurs théories personnelles, plus ou moins farfelues ou tragiques, jusque dans l'adolescence... et plus tard.

«Tu sais, les garçons ont aussi des règles, mais elles sont blanches.»

«Si on ne veut pas avoir d'enfant, on n'a qu'à faire l'amour debout.»

«Les filles, si elles le veulent, peuvent même avaler ton zizi.»

«Les garçons pissent dans ton ventre et après, ou tu es malade ou tu tombes enceinte. C'est la règle, a dit ma mère.»

Nos générations ont appris l'essentiel de la sexualité dans la cour de l'école. L'éducation sexuelle formelle ne change rien à ces efforts de recherche personnelle; d'ailleurs, elle évoque rarement ce qui intéresse le plus les apprentis de la vie, c'est-à-dire le plaisir sexuel, le désir, les sensations. Non pas le «comment ça se passe» mais «qu'est-ce qui se passe en moi, chez l'autre, entre nous».

Toute recherche sérieuse s'accompagne d'expérimentation, de travaux pratiques et de vérifications. Et la recherche sexuelle des enfants est une recherche très sérieuse, conduite avec beaucoup de constance, même si elle est pleine de doutes et si les obstacles sont nombreux.

Après l'exploration de notre propre corps d'enfant, ce sont les corps des petits amis, cousins, frères et sœurs qui deviendront un lieu de découvertes et de comparaisons, sous couvert de jeux. Et déjà dans ces jeux d'apprivoisement, les rôles semblent distribués dans la façon d'avoir l'initiative ou de la laisser à l'autre, de demander ou de prendre, de refuser ou de laisser faire. C'est toujours le même qui est le docteur, qui examine, qui met le thermomètre! Quand vient son tour d'être le malade, ou de montrer, il décide qu'on joue à autre chose. Celui qui est le malade risque alors de découvrir un aspect de la sexualité dans une dynamique de passivité, ou même de sadisme avec l'impression de «se faire avoir» et cela pourra marquer sa propre conduite ultérieure dans les rencontres d'adultes.

À la quête de connaissances personnalisées viennent très tôt s'ajouter des questions éthiques:

> C'est permis de savoir, ou c'est défendu?
> C'est bien ou c'est mal?
> C'est possible avec un tel ou une telle ou ce n'est pas possible?

Cette recherche essentielle sur les faits, le sens et les enjeux de la sexualité, et sur les dilemmes moraux qu'elle pose à chacun de nous, se poursuit notre vie durant. Les certitudes caduques, les doutes renouvelés, et les questions sans réponse jalonneront notre vie sexuelle adulte. Les messages reçus dans l'enfance l'influenceront profondément et durablement. Les découvertes ultérieures, les expériences vécues seront imprégnées, marquées et parfois limitées par les découvertes enfantines.

Messages relationnels

Notre imaginaire est ainsi nourri par tous les messages reçus de notre entourage plus ou moins proche pendant l'enfance et l'adolescence. Il est étayé par nos lectures, par des films, voire par quelque dictionnaire médical consulté en secret.

Ce que les enfants entendent, ce n'est pas tant l'information anatomique que les messages émotionnels qui l'accompagnent. Gêne, allusions égrillardes, peurs, idéalisations, mythologies romantique, réaliste, libérée ou pseudo-libérée.

Cette femme a gardé longtemps et avec beaucoup d'angoisse la trace en elle d'une boutade lancée par son père à ses collègues.

«Mon père était gardien de la paix, à l'époque des bâtons de police. Un jour, il revenait de son service de nuit avec des collègues et ils se sont arrêtés à la maison pour boire un café. Je les ai entendus, l'un disait à l'autre: "Tu as vu la blonde qu'on a embarquée, elle était tellement en chaleur que même ce bâton ne l'aurait pas satisfaite."

«Ce mot bâton m'a perturbée durant des années; je mêlais le sexe à la grosseur, à la dureté et à la menace implicite qu'il y avait dans ce bâton de policier...»

La tonalité affective avec laquelle nos parents parlent de sexualité laissera une impression durable, ainsi que toutes leurs injonctions sur la nudité, la toilette, le choix des vêtements.

«Quand j'avais sept ans, mon frère, qui est de deux ans mon aîné, se vantait auprès de moi que notre mère lui avait dit "le secret de pourquoi une femme doit être mariée pour avoir des enfants", qu'il ne me le dirait pas et que je n'avais qu'à demander. Il ajoutait: "Ça s'appelle le coup de la main gauche, mais ne le dis pas à maman, parce que ça, elle ne le sait pas."

«J'ai donc été quémander auprès de ma mère le droit au secret, et un jour elle s'est installée au salon avec moi, assise bien droite au bord d'une chaise, et elle m'a expliqué. Pragmatique et logique, j'ai commenté: "Je ne comprends toujours pas pourquoi il faut être mariée, alors qu'il y a qu'à prendre un monsieur dans la rue."

«Estomaquée, elle a marmonné un "quelle horreur", puis me regardant fixement: "En tout cas, ton
frère a été très déçu d'apprendre comment cela se
passait!"

«Je me suis sentie coupable de n'avoir pas eu
spontanément la réaction de dégoût qu'elle semblait
attendre. Je ne me souviens de rien de ce qu'elle a
décrit, mais cinquante ans plus tard, je retrouve vivace et précise ma sensation d'avoir été décevante
en n'étant pas déçue.»

L'enfant enregistre surtout les peurs que leur transmettent les adultes. Bien des parents ont de la difficulté à parler
de sexualité sans aborder tout de suite les pathologies sexuelles
(les vilains messieurs), et les risques de grossesse.

Cette mère, embarrassée par les questions de sa
fille de neuf ans, nous dit: «J'ai peur, si je parle de
joie, de plaisir, si je dis que c'est merveilleux, qu'elle
n'ait pas de limites plus tard, ou qu'elle veuille
essayer tout de suite et se laisse entraîner par le premier pervers venu.»

L'irruption possible du plaisir est entendue comme une
perte de contrôle et donc comme une porte ouverte à toutes
les violences et à tous les dangers. Le couplage plaisir-danger
est bien intériorisé par beaucoup d'enfants et bloquera souvent plus tard l'accès à la jouissance.

Il n'y a quasi pas d'enfants qui ne se soient trouvés
confrontés à une provocation ou à une agression d'ordre
sexuel, mais la plupart n'osent pas en parler: ils ont bien trop
peur de la peur de leurs parents.

Rares sont les filles qui n'ont pas reçu le message
qu'elles auront à se méfier des hommes ou le message qu'elles
devront les subir.

«Quand je me suis mariée, à dix-huit ans, racontait une écrivaine, ma mère m'a parlé solennel-
lement de ce qui m'attendait, et elle a terminé en

disant: "Tu sais, même si tu n'aimes pas ça, il faut accepter, sinon ils vont ailleurs."»

Une autre mère avait aussi averti sa fille: «Attention! si tu te laisses embrasser sur la bouche par un garçon, tu risques de réveiller le téléphone du bas.»

Des décennies plus tard, cette fille nous dira: «J'ai mis des années à comprendre cette métaphore, et aujourd'hui encore je ne sais pas si ma mère parlait du "téléphone" du garçon, ou du mien!»

Innombrables sont les messages qui ont nourri nos croyances et nos mythologies sexuelles; chacun peut en retrouver dans son histoire. Si nous entendons le plus souvent des mises en garde et des messages de menace et d'inquiétude, il peut aussi y avoir des paroles de confirmation.

«Mon père, se rappelle cet homme, m'avait dit une fois avec un regard émerveillé: "Tu verras, c'est bon comme du miel qui se répandrait dans tout le corps."»

Un autre se souvient: «L'amour physique c'est une fête quand les deux sont d'accord. Ne fais jamais l'amour sans l'adhésion totale et claire de l'autre et de... toi. Le difficile a été pour moi, ajoutait-il, de savoir si l'adhésion était totale et claire!»

Une femme confirme: «Ma mère m'a dit souvent, et en rougissant chaque fois: "Je ne connais rien de meilleur au monde. C'est le plus beau cadeau que je peux souhaiter à chacun..."»

Le plus important restera ce que, enfant, nous avons vu circuler entre nos parents: pétillement, érotisme, joyeuseté, pesanteur, ennui, éloignement...

Beaucoup de femmes et d'hommes témoignent qu'ils n'ont pas vu leur mère comme un sujet désirant, mais comme un objet de désir, consentant ou réticent. Quasi tous les enfants ont entendu des sons étranges en provenance de la chambre des parents, et leurs interprétations se recoupent généralement: «Papa fait mal à maman» ou: «Elle se laisse étouffer par lui sans rien dire, elle n'en parle jamais.»

La plupart des mères croient devoir se montrer à leurs enfants comme des mères seulement, plutôt que comme des femmes, empêchant ainsi garçons et filles de les considérer comme porteuses de désirs sexualisés.

> «Ce qui est agaçant, avec ma mère, c'est qu'elle
> tient en permanence son rôle de mère» disait une
> adolescente.

Il faut dire encore que pour chaque enfant sa mère a été un objet de désir qui se refuse. Les filles aussi, avant de se tourner vers leur père, ont été amoureuses de leur mère.

Ces dynamiques contribuent au mythe que le désir est le propre de l'homme. La parole féminine évoque aussi davantage ce qu'il faut faire ou ne pas faire pour être désirée que son propre désir envers l'autre. Cette orientation relationnelle implicite marque considérablement non seulement les approches et les conduites de séduction, mais aussi l'apprivoisement mutuel, la rencontre et son développement.

Mythologies personnelles

Chacun porte ainsi en soi un ensemble de croyances sur les hommes, les femmes, le désir, l'amour, la sexualité; ce sont des croyances adultes truffées de nos impressions enfantines. Ce savoir informel reste extrêmement puissant dans notre imaginaire corporel; il demeure agissant dans la rencontre et la communication sexuelles, incroyable mélange de doutes et de certitudes.

Ces connaissances diffuses vont demeurer souvent à l'adolescence plus fortes que tous les enseignements. Elles vont rendre ainsi caducs en grande partie les cours d'éducation sexuelle proposés en classe, car ceux-ci s'opposent à ce savoir informel. Ce qui circule entre les adolescents, ce n'est pas ce qu'ils ont appris... c'est ce qu'ils savent, c'est-à-dire ce à quoi ils croient.

«Pendant des années, disait cet homme, j'ai été persuadé que par ma seule éjaculation je pouvais déclencher le plaisir de l'autre. J'avais ainsi une représentation un peu mécaniste. Je ne sais pas au fil de quelles lectures j'avais capté cette croyance. Je ne lisais pourtant pas la presse du cœur, qui, je l'ai découvert plus tard, laisse souvent entendre que cela se passe ainsi. Comme je n'en disais rien, mes partenaires ne savaient pas que j'avais cette croyance, elles ne me détrompaient donc pas!»

Ce langage très important des mythologies sexuelles fait en effet l'objet de beaucoup de non-dits et de censure, par peur d'être vu comme ridicule ou puéril.

Certaines croyances sont généralisées. Elles s'expriment en «il faut»; d'autres, plus individuelles, sont énoncées par des «je suis».

«Il faut surtout toujours faire preuve de virilité, les femmes aiment qu'un amant soit fort et silencieux, elles veulent être dominées.»

«Il faut toujours s'adapter au rythme de l'autre.»

«On ne changera jamais les hommes, n'est-ce pas? Il ne faut pas essayer, ils sont trop égoïstes.»

«Il ne faut jamais critiquer un homme sur sa façon de faire l'amour, ils sont tellement blessés qu'ils rejettent celles qui leur font des remarques.»

«Après l'éjaculation, les hommes détestent qu'on les touche, ils veulent seulement qu'on leur fiche la paix.»

«Ce sont les hommes qui doivent apprendre aux femmes; eux, ils savent.»

«Je sais mieux que lui ce qui sera agréable pour lui.»

«Moi, je suis un amant hors pair.»

«Moi, je ne peux pas être vraiment aimée d'amour par un homme.»

«Si l'autre m'aime, il répondra à mes attentes sans que j'aie besoin de les dire. C'est ça l'amour, deviner les désirs de l'autre.»

«Je ne comprends rien aux femmes... Quand elles disent non, je ne sais jamais si elles veulent que j'insiste, si elles se font prier, ou si c'est vraiment non. Et je ne sais jamais à l'avance si elles diront oui ou non.»

«Moi, je dis toujours non, pour vérifier s'il a vraiment du désir pour moi. S'il se décourage, c'est qu'il est trop mou!»

«Je ne peux pas comprendre que les hommes continuent à essayer quand je leur ai dit clairement non.»

«Les hommes ne supportent pas d'être seuls.»

Ainsi, l'imaginaire concernant l'autre, ce qu'il ressent, pense, et veut, reste souvent un dialogue intérieur, sans qu'il y ait vérification auprès de l'intéressé.

«D'ailleurs la vérification est inutile, puisque je sais que c'est comme ça!»

«Je pense qu'après son accouchement, elle a des sensations atténuées, mais je ne vais pas en parler, elle pourrait être blessée et m'en vouloir.»

«Je crois qu'il me caresse pour me faire plaisir, mais qu'au fond, ça l'ennuie.»

«C'est sûrement cela qu'il aime...»

«Il y a des gestes que je ne fais jamais, car je suis sûr qu'elle détesterait.»

Un échange à propos de toutes nos constructions imaginaires sur l'autre réserverait bien des surprises intéressantes. Notre imaginaire sur un futur meilleur, l'anticipation d'un mieux à venir nous permet de nous rassurer, de fuir le présent, et souvent de ne rien dire.

«Oh, quand j'aurai moins de soucis pour les enfants, je serai plus ouverte au plaisir...»

«Pendant les vacances, nous nous retrouverons vraiment, nous aurons du temps...» (Et ils découvriront peut-être la lourdeur d'être ensemble 24 heures sur 24, sans espace personnel.)

«Quand mes problèmes d'argent seront résolus, mon désir reviendra...»

Fantasmes et partage de l'imaginaire

Les fantasmes relèvent davantage d'une communication avec soi-même que d'un dialogue avec l'autre. Ils concernent souvent des facettes de soi peu actualisées, et restent très éloignés d'un désir de réalisation. La finalité du fantasme n'est pas la concrétisation; il s'agit plutôt d'un vase d'expansion intérieur, d'une irrigation de la conscience, par des représentations insolites. Scènes de violence subie ou imposée, images d'homosexualité, d'exhibition ou de toute autre fantaisie, cela reste une exploration individuelle de la multiplicité de nos représentations intérieures.

En faire l'objet d'un échange avec le partenaire nous éloigne plutôt de la relation et de la communication réelles avec lui. Certains partenaires tentent de décrire et même d'imposer leurs fantasmes. Ce genre de passages à l'acte est peu vivifiant et handicape souvent celui qui n'est pas porteur du fantasme.

Différente est l'écoute mutuelle des rêveries, désirs, projets peu réalisables. L'écoute de l'imagination avec sa part de fantaisie, de folie et ses fictions. Nous avons un besoin vital de jouer avec notre imaginaire, et lorsque c'est possible, de le partager, d'être entendu et reçu avec nos rêves. Les préludes sexuels peuvent être un lieu privilégié où l'imaginaire surgit et peut s'exprimer par des jeux et parfois par des fêtes.

«Alors, on dirait qu'on est là, sous les palmiers, tu entends la mer?»

«On dirait que je suis un tout petit bébé...»

Jouer à faire ou à être pour s'accepter plus immense, pour se découvrir si fort ou si vulnérable, pour oser dépasser le monde des apparences et des rôles figés.

Le mythe romanesque (la drogue romantique)

Notre imaginaire est imprégné d'un leurre vivace, celui d'un amour qui comblerait à jamais nos manques et nous ferait vivre une union sans faille. L'espérance de trouver l'âme sœur qui nous est destinée et auprès de qui nous ne désirerions plus rien d'autre, la croyance jamais tout à fait éteinte que l'élu pourrait se présenter et abolir toutes les misères.

Cet espoir mythique court dans quasi toutes les œuvres romanesques, et son inquiétude tourmente tous les couples.

N'ai-je pas rencontré celui avec qui j'aurais pu vivre le grand amour? N'ai-je pas trouvé celle qui était faite pour moi?

N'avons-nous pas su entretenir l'amour merveilleux qui nous était dû?

La littérature universelle nourrit ce leurre, mais elle en propose surtout le démenti: elle donne un modèle où les grands sentiments amoureux ne durent que s'ils ne s'inscrivent pas dans la réalité d'une relation quotidienne, ne se maintiennent et ne s'accroissent que s'ils rencontrent des obstacles extérieurs qui empêchent le rapprochement. Dans la vie réelle, nous voyons que lorsqu'il n'y a pas d'obstacles extérieurs à une union, ce sont des obstacles intérieurs qui s'opposent à l'intimité. Quand le rapprochement est possible, nous devenons d'une habileté fabuleuse pour mettre en place des saboteurs de la relation et des pièges pour contrarier, user et détruire parfois la durée de l'intimité.

La légende de Tristan et Yseult, celle de Roméo et Juliette sont bien des mythes dans le sens qu'elles symbolisent la condition humaine: une aspiration infinie et des écueils partout. Les héros meurent dans l'apothéose de leur amour, ce qui peut nous laisser croire que s'ils avaient vécu, leurs sentiments auraient gardé la même intensité.

La fiction juliettoroméotique nous habite et nous pousse à croire, à partir de cet amour de quelques mois, que c'est cela, le modèle de l'amour. Nous ne voulons pas voir que cette histoire est un modèle d'extase dans la mort libératrice. Que cet amour ne s'inscrit ni dans la vie, ni dans le quotidien, mais qu'il est une séquence, un espace de découverte ouvert non sur la durée humaine, mais sur l'éclair d'une nostalgie d'absolu.

Les amants littéraires inconsolables sont ceux qui sont restés seuls: l'autre est mort, l'autre est parti, l'amour demeure, il se nourrit de l'absence et de l'imaginaire.

Les amours romanesques sont, soit des amours commençantes dans l'explosion de l'attirance et de la passion, soit des amours finissantes dans le déchirement, la douleur, la désillusion et la trahison, soit des amours contrariées qui restent à l'état de rêve. Chacun s'engage sur le premier modèle, celui de la rencontre, en tentant de nier celui des amours qui se dégradent.

À notre connaissance, seul l'académicien Jacques de Bourbon-Busset[1] s'est fait le chantre de l'amour durable incarné dans la vie commune, vivant, et menacé seulement par la crainte de la mort de l'autre. Lui aussi évoque la mort qui aiguillonne l'amour.

Albert Cohen, dans ce livre merveilleux et déroutant qu'est *Belle du Seigneur*[2], nous montre un combat incessant pour maintenir en éveil les sentiments amoureux dans une relation d'accoutumance, de proximité et de durée. La lutte s'avère désespérément vaine, et nous voyons la relation dévorer l'émerveillement comme Chronos ses enfants.

Nos littératures, nos légendes, nos chansons et nos films glorifient la passion, c'est-à-dire la souffrance. Souffrance qui mène soit à la morne dépression de la désillusion, soit au dépassement de soi.

Les *happy ends,* long baiser à la fin d'un film, ou les «ils furent heureux» d'un conte de fées ne disent rien de la suite, rien du destin des sentiments dans les jours partagés.

La conception moderne du mariage est basée sur un paradoxe: l'union s'établit sur l'attirance passionnelle, et elle est censée apporter le bonheur stable, alors que l'état amoureux est par essence peu durable, surtout lorsqu'il y a réciprocité.

La relation amoureuse et son développement en relation de couple nous confrontent à un défi, celui de supporter le passage de l'illusion exaltante à la réalité. Mais aussi au *challenge* passionnant d'inscrire dans la durée, le partage et l'agrandissement mutuels de deux êtres qui, après s'être rencontrés, vont tenter de s'allier, de se relier pour traverser ensemble et entiers un espace de vie.

Le pouvoir nostalgique qu'ont les amours miraculeuses sur notre imaginaire risque d'être un saboteur de la relation: il rend plus difficile l'acceptation au jour le jour d'un être limité et réel, et d'une relation jamais comblante.

---

1. Jacques de Bourbon-Busset, *Je n'ai peur de rien quand je suis sûr,* Éditions Gallimard, 1978.
2. Albert Cohen, *Belle du Seigneur,* Éditions Gallimard, 1968.

Mais chacun va tenter à sa façon, soit de nier ces prémisses, soit de s'adapter, ou encore de créer au quotidien non seulement les conditions d'une survie mais celles d'une vie ardente pleine d'espérance...

La plus belle des demandes

La plus belle des demandes
est celle que j'ai attendue longtemps, longtemps...
La plus belle des demandes
est celle que j'ai reçue de toi.

«Conduis-moi vers le plaisir,
accompagne-moi à la rencontre
de tous mes sens.

Sur les chemins ouverts de mon corps
ne me précède pas,
suis-moi vivace
vers ta joyeuseté,
mon tout tendre.

Regarde-moi à plein regard,
surprends-moi par tes attentions,
étonne-moi par tes caresses,
emporte-moi au plus loin de mes possibles.»

La plus belle des demandes
est celle que j'ai reçue de toi.

Témoignages

J'ai été voir Zingaro, vous savez celui qui fait un spectacle entier avec des chevaux.

À la fin, il emmena un étalon en érection. Une érection magnifique. J'avais la gorge serrée, j'ai tenté de calmer la mienne, pas possible. Mon sexe grandissait, grandissait j'avais peur que tout le monde voie et j'étais fier en même temps. Car j'ai un sexe très moyen, plutôt petit.

Ce que je vais maintenant dire est extraordinaire. Une sorte de miracle. Une dame inconnue, une femme assise près de moi a posé sa main sur mon ventre et mon sexe s'est élancé vers cette main comme si j'avais attendu ça depuis toujours. L'ai-je rêvé?

***

Mes fantasmes ont commencé après trente-cinq ans. J'étais souvent fatigué, j'avais moins de désir. Bon j'avais toujours envie d'elle, mais moins fort, moins vivant.

Un soir, on a été voir *Emmanuelle*. Ce film m'a marqué comme c'est pas croyable.

C'est comme si un autre homme était né en moi. Ce film m'a donné en quelque sorte une autorisation.

Cette femme, Emmanuelle — je ne sais plus le nom de l'actrice, ça ne fait rien, car pour moi, elle reste Emmanuelle — cette femme s'est vraiment adressée à moi: «Toi aussi tu peux, toi aussi tu aimes faire mal par plaisir.» C'est fou ce que je dis, mais ça s'est passé comme ça, elle m'a envoyé un message, vraiment. À partir de là, mon comportement a changé.

Et le plus curieux, c'est comme si ma femme n'attendait que cela. Elle s'est déchaînée. Elle osait faire des trucs comme si elle les connaissait depuis toujours.

Est-ce qu'Emmanuelle lui a parlé aussi? Je n'en sais rien. Nous ne parlons pas. Parfois, je lui fais mal partout, je le sens bien et elle redouble d'ardeur. Je ne peux parler de ça à personne, qui me croirait?

***

Ce n'est jamais avec ma femme que je fais l'amour, c'est toujours avec une autre. Et jamais la même.

En général, c'est une femme que j'ai croisée le matin ou le soir. Je la vois et je devine tout de suite que c'est elle. Je m'en empare, elle est à moi pour la soirée, pour la nuit. Je reviens avec elle à la maison, je sens que parfois ma femme me regarde avec un drôle d'air quand je fais des réponses à côté. Elle dit à ses copines: «André, il est toujours ailleurs, je ne sais pas avec qui il vit, mais ce n'est pas avec moi.» Et elle rit de plaisir en disant cela. C'est comme ça dans notre couple. J'ai une double vie, une vie réelle et l'autre imaginaire. J'ai besoin des deux. Je me sens complet comme cela.

***

J'ai des fantasmes qui sont indignes. Indignes de lui, de moi. Ils me révoltent. Je pleure chaque fois après l'amour. Je suis vraiment anormale d'être obligée, car je suis obligée. Je ne peux faire autrement que de produire ces images, d'avoir ces sensations si je veux avoir du plaisir.

Des fois je m'en passe, mais alors l'amour devient fade, ce n'est pas bon, lui il s'inquiète, il croit que ça vient de lui. Il se fait plus attentif et cela m'énerve.

Mes fantasmes! Oh! j'ai honte tellement c'est puéril! C'est grotesque, plus que ridicule... Je deviens une petite fille. Oui une gamine. Je ne deviens pas, je suis. En jupette, culotte petit-bateau, nattes et tout, et lui, il devient un vieux. Un vieux vraiment vieux. Il me touche, il me tripote, et moi, je me laisse faire. Je fais tout ce qu'il me demande. Mais en réalité, c'est moi qui le dirige. Il est à mon service. C'est moi qui magouille tout ça...

Ça se passe dans ma tête mais avec une telle acuité, que c'est vraiment les mains d'un vieux qui me caressent, pas celles de mon mari!

***

Mes fantasmes sont à moi. Ils m'appartiennent et je n'ai aucune envie de les partager. C'est comme le maquillage de l'amour. Pour sortir, je me fais belle avec des crèmes, du *kohl*, du rouge à lèvres, un parfum et pour l'amour aussi. Mes rêveries, mes fantasmes, les images et les sensations qui s'y rattachent sont comme un maquillage. Je me prépare à l'amour comme ça, c'est un cadeau. Oui, c'est un cadeau que je lui fais. Il ne le sait pas, ne s'en doute pas et cela aussi c'est mon plaisir.

***

«Maman, comment on fait les bébés?» C'est ma fille qui m'a posé dernièrement cette question et je me suis mise soudain à pleurer. Je me suis entendue posant la même question au même âge, et ma mère répondant: «Les papas, ils ont un instrument spécial à faire les bébés.» Je ne me souviens pas d'autres explications. J'ai été terrorisée.

Et j'ai gardé longtemps en moi une image de plantoir, de bêche, de pioche. Mon père s'occupait du jardin et j'allais m'asseoir souvent près de lui, pas trop près quand même, pour regarder attentivement, longuement chacun de ses gestes. Il s'énervait parfois contre une motte trop dure, une racine, une pierre qui «remontait» je ne sais d'où. Autre mystère que ces pierres qui se renouvelaient pour déclencher la colère et même la violence de mon père.

Au fond, c'est ma fille, avec ses questions, qui a amélioré ma sexualité. Elle a fait «remonter» mes peurs, tout un imaginaire inquiétant qui s'est libéré de beaucoup de menaces.

***

J'ai bien senti, au cours de ce séminaire sur le couple, la force des messages que j'avais reçus malgré moi. Celui-là, par exemple, venant de ma mère: «Tu ne dois pas éveiller le désir des hommes parce qu'ils ne sont pas capables de se contrôler.» Je me suis habillée pendant des années avec des vêtements rébarbatifs pour... aider les hommes à mieux contrôler leurs désirs! Je me suis comportée comme si je devais être inodore, sans saveur, apaisante. Et j'ai souffert d'être seule durant trente-cinq ans, tout en gardant un sentiment de reconnaissance infinie envers mon mari, qui accepte de vivre avec moi... sans désir... J'ai bien rempli ma mission «de ne pas éveiller de désir».

**

Je dis à mon mari avec beaucoup de sérieux: «Je voudrais que tu aies une maîtresse.» Imaginer ce qu'il ferait avec une autre femme me stimule beaucoup.

J'ai remarqué, vous allez rire, que je fais plus souvent l'amour avec lui quand sa mère est là.

Je tente de lui parler, de partager mes découvertes et il se contente de rire en me disant: «Tu es folle, tu inventes n'importe quoi!»

**

Mes fantasmes ont besoin de rester à l'état de fantasme. C'est comme s'ils s'introduisaient en moi malgré moi. Je ne veux pas en être responsable, je ne fais que leur obéir. D'ailleurs, je ne peux pas faire autrement. Cette soumission incroyable que j'ai à mes fantasmes et dans mes fantasmes est déjà une jouissance.

Je suis énamourée quand mes fantasmes arrivent. Quand justement je ne suis plus moi! Mais à qui dire cela? On me croirait folle ou perverse alors que c'est dans ces moments-là que je suis la plus vivante.

**

J'entretiens, j'auto-alimente ma jalousie comme une masturbation.

J'enclenche une image, le film se déroule avec des séquences de plus en plus fortes et salaces, que je pimente à la demande. Et cela jusqu'à un plafond ou à un seuil que je ne dépasse jamais.

J'imagine tout de la façon dont ma partenaire se laisse séduire, entraîner, embrasser, déshabiller, caresser. Tout, sauf le moment fatidique de la pénétration, là je deviens tout-puissant, j'arrive, j'interviens, je prends la place de l'autre, je l'humilie au besoin, je suis l'unique, le désiré, l'attendu, le seul avec qui elle peut faire ça!

C'est comme un besoin, le film est toujours prêt, j'appuie sur le bouton et la première image est là: c'est elle sans moi.

Je n'ai jamais envisagé de lâcher ce rêve éveillé. Il fait partie de moi, de notre relation, sauf qu'elle ne le sait pas!

***

J'ai entendu, dans ce camping des Alpes Vaudoises où j'ai ma caravane, deux petites filles se dire:

— Alors moi, je suis le papa et toi, la maman. Et moi, j'ai le droit de crier parce que la soupe n'est pas chaude et que toi, tu ne veux pas faire ce que je veux. Et toi, tu te lèves vite, tu ne dis rien, parce que autrement je crie plus fort.

— Oui mais moi, disait la plus grande dans le rôle de la maman, je fais plein de choses que toi tu ne vois pas et que tu ne sais même pas que ça existe…

— Ça sert à rien, tais-toi, va me chercher le programme de la télé. Toi, tu m'aimes, tu comprends, alors tu dis rien et tu fais vite. Je ne veux même pas te voir triste!

Dialogue authentique de deux petits bouts de femme de huit à dix ans.

Une autre fois sur la plage j'entendais:

— C'est pas normal, c'est toujours toi qui fais le docteur et moi, je dois me laisser regarder et même tu me pinces trop fort.

— C'est pour voir si tu as encore des réflexes, tu es tout mou. Tu pourrais pas être docteur d'abord parce que tu ne sais pas parler.

***

L'imaginaire est réel, en ce sens qu'il est une réalité humaine, profonde, dans laquelle s'inscrit aussi notre relation au monde. C'est avec mon imaginaire que je protège ma relation avec cette femme, que je combats les assauts impitoyables du quotidien. C'est avec mon imaginaire et le sien certainement que notre relation reste vivante, inscrite dans les strates du temps passé, présent, à venir.

**

J'ai été demandée en mariage, il y a plus de vingt-six ans, par ces mots de celui qui est devenu mon mari: «Je te veux comme la mère de mes enfants.» Cela m'avait touchée et pendant des années, j'ai été cette mère et je crois même une bonne mère.

J'ai parlé dernièrement à mon mari de mon malaise de n'avoir pas été choisie comme femme. Quelques jours après, j'ai reçu une lettre de lui qui contenait une demande en mariage, «pour la femme que j'étais». Cette lettre fut un déclencheur. Ce fut comme si je pouvais vraiment m'autoriser à être femme. Ma sexualité en est transformée. J'ose des choses... que j'attendais de lui.

Mon mari est ravi, un peu inquiet de mes débordements. Il y a quelques jours, je lui ai écrit une lettre d'amour. Ma première lettre d'amour.

**

Lorsque j'avais environ dix ans, l'institutrice m'a demandé comment naissaient les bébés. J'ai répondu naïvement ce que ma mère racontait sans hésiter à la maison: «C'est madame Julie, la sage-femme, qui nous avait apportés sur son vélo, bien attachés pour ne pas tomber...»

Toute la classe a ri. Cela a dû revenir aux oreilles de ma mère qui, quelques jours plus tard, nous a pris à part mon frère et moi pour nous dire: «Les bébés, ça vient au monde comme des petits veaux.»

Je me souviens encore du vertige que j'ai eu; je vois la lumière, la couleur de la nappe, l'endroit où ma mère était assise, avec mon frère sur les genoux. Moi qui croyais, avec l'histoire du vélo, que nous étions des envoyés de Dieu! Ce jour-là, la religion s'est effondrée. Tout était donc faux! Il n'y a pas eu un mot de plus.

***

Enfant, je nommais «soupe aux yeux» le pot-au-feu à cause des ronds de graisse. Et j'associais à ces ronds le regard dur et exigeant de mon père. J'aurais tant voulu m'élancer vers lui, m'offrir dans un seul mot: «Papa», mais quelque chose me retenait, me disait que c'était impossible.

Durant des années, j'ai brisé mes élans. J'ai construit digues et remparts pour les contenir. Jusqu'à ces derniers temps, je me sentais momifiée, immobilisée. Incapable d'offrir et d'accueilir. Puis j'ai osé.

J'ai pris un énorme carton pour déposer dedans toutes mes retenues: j'écrivais sur des bouts de papier tout ce que je n'avais pas pu faire avec mon père. «Et la fois où je toussais, je toussais, tu es venu dans la chambre, j'ai fait semblant de dormir...» «Un jour j'ai cru que tu étais mort, tu étais en retard et j'ai juré que si tu ressuscitais, je ne boirais qu'un verre d'eau par jour... J'ai tenu parole.» «Le soir, je disais jusqu'à cent vingt "Je t'aime", en espérant que tu viendrais m'embrasser...»

Au fur et à mesure que le carton se remplissait, j'ai senti combien j'avais gardé de ressentiment contre ce père tant aimé, tant désiré et qui se dérobait à mes attentes non dites. Toutes mes demandes implicites, jamais clairement exprimées s'étaient accumulées en rancœur, en refus, en accusations indirectes contre les hommes et surtout contre celui qui partageait ma vie, mon mari. Comme malgré moi un travail de clarification s'est effectué et j'ai commencé à faire des demandes, des avances à mon partenaire. Les digues s'effritent, les remparts disparaissent, je ne bâillonne plus mes envies, j'ose écouter mes désirs.

***

Un souvenir me revient souvent: j'ai cinq ou six ans, pas plus. Je suis devant ma mère et je lui demande en montrant mon bas-ventre: «Maman, qu'est-ce qu'il y a là? Comment est-ce que ça fonctionne?» Et sa réponse fuse, nette et claire, sans aucune hésitation: «Ça fonctionne comme une machine.»

Stupéfaite, j'avais touché mon ventre, l'entre-cuisse, car pour moi une machine évoquait des engrenages, des rouages, et avec mes doigts j'essayais de tâter ces rouages, ces engrenages. J'étais déçue de ne rien sentir, ma machine ne fonctionnait pas.

Ce n'est que très récemment d'ailleurs qu'elle s'est remise à fonctionner, que je sens mon sexe bouger, se mobiliser, et même couler. Ma mère avait en partie raison, il y a toute une machinerie complexe, vivante, active et aujourd'hui joyeuse. Je suis toujours stupéfaite de la force des images.

***

J'avais dix-sept ans, et je ne savais même pas que je ne savais rien sur la sexualité. La première fois qu'un garçon m'a embrassée sur la bouche, comme j'avais mes règles, j'ai cru que j'allais avoir un bébé. Car dans ma non-connaissance de toutes ces choses, je m'étais forgé un savoir selon lequel pour être enceinte il fallait avoir ses règles. Condition nécessaire mais non suffisante, puisqu'en plus il fallait être embrassée par un garçon. En effet, dans les romans que je chipais à mon père, un chapitre se terminait quand la jeune fille s'abandonnait dans les bras de l'homme, et se laissait embrasser avec plaisir, et le chapitre suivant commençait sur l'annonce que à la suite de cette soirée mémorable d'embrassade... elle était enceinte... Je construisais la connaissance de mon corps sur des centaines de découvertes ainsi éparpillées, dispersées dans le temps.

***

IV

Langage de l'inconscient

Le vaste réseau qu'est la rencontre sexuelle est irrigué par un puissant courant auquel notre conscience n'a pas accès. Il fera apparaître à la surface de nos vies des turbulences, des remous, que nous ne comprendrons pas. Nous ne pourrons identifier les énergies mystérieuses qui œuvrent en dessous et au-delà de notre zone consciente, et sur lesquelles notre raison ou notre volonté n'a pas prise.

Notre propos dans cet ouvrage n'est pas d'aborder le fonctionnement de l'inconscient et ses relations si complexes avec la conscience, qui ont fait l'objet depuis l'Antiquité d'études et de recherches multiples et jamais définitives.

Nous évoquerons seulement certains enjeux qu'une attention soutenue portée à notre subconscient — cette frange claire-obscure entre conscience et inconscience — nous permet de comprendre tant soit peu.

Pour certains, il est difficile d'admettre vraiment qu'une partie de notre activité psychique existe sans que nous en ayons connaissance. Les puissances irrationnelles sont encore mal tolérées dans nos valeurs occidentales, et beaucoup tendent à nier les forces qui échappent à leur observation, ou à sous-estimer leur impact. Cela les amène à considérer ce qui leur arrive comme dépendant de l'extérieur, ou du hasard, ou de l'autre. Il leur est trop pénible d'accepter l'idée qu'il y a en nous des préjugés que nous ne connaîtrons peut-être jamais, et qui sous-tendent chacune de nos actions.

Nos inconscients se manifestent au quotidien dans nos oublis, nos mots involontaires, nos actes manqués ou nos passages à l'acte somatiques, dans nos réactions de reconnaissance ou de frustration disproportionnées.

En écoutant tous ces signes, en les mettant en relation avec les événements de notre histoire, nous pourrons entendre certains messages de notre inconscient et donner un sens à ce qui semblait incompréhensible. Cet immense champ de découvertes enrichira la communication amoureuse, si nous acceptons d'en parler.

Ami ou ennemi

Il y a deux façons de considérer son inconscient, de tenter de l'écouter et d'entrer en relation avec lui: nous pouvons le voir comme un ennemi ou comme un ami.

L'ennemi, ce serait ces tendances qui m'amènent, sans que je le veuille, à me retrouver de façon répétitive dans des situations qui ne correspondent pas à mes aspirations conscientes, à mes valeurs, à ma raison.

> «Mais qu'est-ce qui fait que moi qui aime par-dessus tout l'indépendance, je "tombe" toujours sur des femmes qui me boivent le sang avec leurs demandes et leurs peurs d'être abandonnées?»

> «Et moi qui ai le désir d'une relation proche et d'une vie commune, voilà que mes sentiments restent fixés à un type d'homme inaccessible.»

> «Je ne comprends pas pourquoi je tombe toujours sur des hommes qui vont se révéler violents, agressifs ou sadiques...»

J'accuse alors mon inconscient d'être le responsable de mes échecs (il doit garder une vieille peur que je fasse mieux que mon père), de mes oublis (mais qu'est-ce qu'il a donc contre cet anniversaire qu'il le sorte de ma mémoire chaque année?), de mes maladies (il m'entrave justement au moment où j'ai le plus besoin de mon énergie). Je localise en cet inconscient diffus et omniprésent la cause sournoise des embûches à mes réalisations. Il est un empêcheur d'être heureux, un saboteur! Je le considère comme un adversaire toujours actif et vigilant dont je dois me méfier et déjouer les tours.

Cet ennemi est si caché dans l'ombre que je me bats contre une insaisissable menace, contre un marécage inorganisé, sous cette couche de surface accessible et dicible qu'est mon conscient, ma volonté, ma pensée.

Voir l'inconscient comme un ami, c'est considérer que des forces inconnues me mènent là où je dois aller pour apprendre quelque chose sur moi, pour dépasser en moi un obstacle à ma maturation, pour devenir plus conscient, pour découvrir des ressources insoupçonnées et des facettes inexploitées.

C'est un inconscient-guide qui me confronte à des épreuves successives et m'offre des présents inespérés pour me faire faire les découvertes nécessaires à mon évolution.

C'est lui qui m'envoie dans les bras de cet homme, dans les bras de cette femme pour que je m'enchante et pour que je me désole, pour que je connaisse mes lumières et mes ombres, pour que j'accède à mes émotions les plus intenses de plaisir et de souffrance, à une connaissance privilégiée de mon identité de femme ou d'homme.

Ce guide insiste, en répétant des situations analogues tant qu'il le faudra, et si je ne vois pas, si je ne comprends pas, il peut aller jusqu'à me soumettre aux pires maux pour m'ouvrir les yeux et l'esprit. Irait-il jusqu'à me faire mourir pour m'apprendre à vivre?

Cet inconscient ami serait un maître exigeant et sans complaisance. Comme si son but était de rétablir le lien rompu ou affaibli entre ma conscience et son origine oubliée, de me pousser au dépassement en plaçant des obstacles et des révélations sur la voie vers la maturation. Il agirait parfois comme un précepteur qui invente des problèmes pour faire progresser son élève.

L'inconscient aurait ainsi une fonction de régulation, détruisant l'équilibre établi pour promouvoir un nouvel équilibre.

Il prend figure d'inconscient-providence en mettant sur mon chemin les personnes et les événements qui me révéleront à moi-même, pour peu que je sois attentif, et me pousseront à développer des qualités spécifiques à chaque expérience.

Qui et comment ai-je choisi?

Peu de situations sont aussi évidemment déterminées par des énergies inconscientes que le «choix» d'un partenaire amoureux. L'attirance est dite irrationnelle dans la mesure où elle obéit à des raisons dont nous ne sommes pas conscients.

Nos attachements au présent se construisent sur des attachements anciens. Nos tout premiers liens jouent un rôle essentiel dans la rencontre de couple: ils sous-tendent nos attentes (trouver ce qui m'a manqué, retrouver ce qui m'a comblé), notre mode de participation (plus actif ou plus passif, engagé ou retenu) et nos intolérances (l'insupportable de ressentir le trop d'envahissement ou le trop d'éloignement jadis connu).

Ce conditionnement est lié à la vulnérabilité de notre venue au monde. Un rapport de forces déséquilibré structure une position relationnelle qui nous suivra pendant une grande partie de la vie, et la position adoptée se retrouvera dans la relation amoureuse.

Certains bébés se laissent chosifier, d'autres résistent. Celui-ci a réussi à transformer sa mère en esclave, et il en recherchera plus tard une dans sa partenaire. Celui-là a réprimé ses besoins pour correspondre aux attentes de ses parents, et il laissera son conjoint définir ce qu'il doit être ou faire pour le satisfaire.

Cet enfant a cru à la toute-puissance de ses désirs — il finissait toujours par obtenir ce qu'il réclamait — et il lui sera intolérable que son désir sexuel ne rencontre pas un désir correspondant chez l'autre. Cette petite fille a sabordé sa séduction pour ne pas perdre sa mère, et elle rencontrera un homme qui a peur de la féminité et établira avec elle une relation fraternelle. Ce petit garçon a tenté en vain de guérir la dépression de sa mère et il poursuivra sa tâche en voulant sans relâche rendre heureuse une femme souffrante.

Il ne s'agit pas là des ressemblances ou des différences entre l'élu ou l'élue et l'un des parents: il s'agit de retrouver d'emblée, ou de reproduire peu à peu un mode de relation connu.

Les centaines de signaux émis par une personne rencontrée sont des indicateurs de la façon dont elle entre en relation avec moi, et mon inconscient capte des informations sur le schéma d'interactions bien plus que sur la personne elle-même. Et c'est cela, le modèle relationnel reconnu à notre insu, qui va susciter l'attirance, et peut-être structurer une relation dans la durée.

Bien davantage que nos autres relations, le lien sexué et la communication sexuelle s'ancrent dans les formations précoces de notre vie. Cela peut leur donner un caractère très particulier: bien des personnes se montrent plus infantiles à l'intérieur de leur couple que dans leurs relations amicales et sociales. Leur façon d'être avec leur partenaire apparaîtrait tout à fait surprenante à leurs collègues et à leurs connaissances.

Cette femme en témoigne: «Dans mon équipe de travail, c'est moi qui domine, je suis assez inaccessible et je contrôle tout. Mais dans ma vie intime, je suis d'une passivité qui me fait honte, l'autre peut tout faire de moi, j'entre chaque fois dans son désir. J'ai même un ancien amant qui me demande de temps en temps des rencontres, et bien que je n'en aie aucune envie, je le laisse me faire l'amour. C'est comme si cette soumission que j'avais envers ma mère ne ressurgissait que dans ma vie personnelle et qu'ailleurs je prenais la position opposée.»

Ce mari s'étonne aussi: «Lorsque j'entends parler de ma femme, qui participe à divers comités et cercles d'activités du quartier, je ne la reconnais pas. On me cite son dynamisme, sa gaieté, sa créativité. N'est-ce qu'avec moi qu'elle devient cette partenaire souffrante et morose qui me fait me sentir toujours coupable?»

Et cette femme de même: «Il paraît que mon mari est un patron exigeant, froid, impitoyable même. Et moi je vis avec un homme doux, presque trop gentil, cherchant sans cesse à faire plaisir. Il se laisse mener par le bout du nez par nos enfants, et moi, il ne me critique jamais!»

Nous retrouvons ainsi, dans l'intimité, les modèles de jadis. Et pourtant au début, au moment de la rencontre, c'était justement la nouveauté de la relation qui nous avait enthousiasmés. Cet échange nous était apparu si différent des styles de communication que nous connaissions.

«Enfin voilà un être avec qui je peux dialoguer!»

«Quelle joie de rencontrer un homme qui n'est pas jugeur comme mon père!»

«Jamais je ne m'étais ainsi senti reconnu et compris!»

Ce n'est que peu à peu que nous verrons réapparaître une trame relationnelle rappelant nos modalités anciennes. Notre inconscient ne s'était pas trompé, il avait su reconnaître, sous les apparences, la personnalité qui se prêterait à la répétition de scénarios trop connus.

«Avec mes parents, j'ai toujours eu l'impression que j'étais décevant, quoi que je fasse, et pourtant je faisais beaucoup pour tenter de les satisfaire. Je me suis marié avec une femme qui m'a ébloui par sa vitalité et son appétit de vivre, et surtout elle était enthousiaste de moi. J'ai pu enfin lâcher cette vague impression d'être insatisfaisant qui avait marqué mon enfance.

«Comment est-ce donc possible que quelques années plus tard j'aie sans cesse le sentiment d'être... décevant pour ma femme? Elle ne ressemble en rien à mon père ou à ma mère, elle serait plutôt à l'opposé, et voilà que la relation a le même goût, la même coloration qu'avec eux. Je reproche à ma femme d'être insatiable, jamais satisfaite, de vouloir toujours autre chose que ce que je peux apporter. Peu à peu je découvre que c'est mon besoin de combler l'autre que je dois remettre en cause, je m'aperçois que ce besoin, issu de mon enfance, a tendance à exacerber à la fois les demandes et les refus de ma partenaire.»

Lorsque nous repérons les aspects piégés de nos attentes et de nos intolérances, nous pouvons en faire l'objet d'un partage.

«Quand je comprends ce qui se passe pour moi, nous dit cette mère de deux jeunes enfants, je peux en parler à mon mari et lui de même. L'autre nuit, il s'est levé parce qu'un des petits pleurait, et j'ai eu l'impression qu'il faisait un bruit terrible, qu'il avait allumé toutes les lumières, criait et claquait les portes. Quand il s'est recouché, j'ai sursauté et j'ai hurlé de colère, je lui ai même dit d'aller dormir ailleurs. Il était abasourdi. J'ai mis trois jours à réaliser que, brusquement tirée de mon sommeil, j'avais ressenti les mêmes impressions que lorsque mon père rentrait ivre dans la nuit, faisait du tapage, et venait se coucher à côté de moi car ma mère le repoussait. J'ai raconté cela à mon mari et c'était un moment de partage très émouvant.»

La réactivité à certains comportements de l'autre nous fait penser à un logiciel dans lequel un virus aurait été introduit: ses effets ne se produisent que dans certaines conditions, il peut être inoffensif pendant des années. Puis soudain un ordre bousculé, une information aberrante déséquilibre tout le système. Petite impulsion, grands effets qui font apparaître un champ de forces surprenant.

Tout se passe comme si nous avions engrangé quantité d'informations qui s'étaient organisées à l'intérieur. Parmi elles, il y a des blessures originelles. Elles produisent à nouveau de la souffrance lorsqu'un événement, même minime, vient les réactiver.

J'attribue alors la souffrance à l'autre (tu me fais souffrir...) alors que la seule origine de ma souffrance est ma blessure.

Nos inconscients nous dirigent vers le partenaire qui saura le mieux à la fois panser et rouvrir nos blessures. C'est sur ce paradoxe que va se construire la relation, avec les pleins et les manques de l'autre en symétrie ou en asymétrie avec mes manques et mes pleins.

Fidélités et missions

Nous allons parfois chercher, et attendre désespérément l'objet d'amour en aval de notre vie, alors qu'il est resté en amont. Père ou mère dont nous n'avons pas pu, intérieurement, nous séparer suffisamment et surtout missions qui nous ont été données et dont nous ne nous sommes pas dégagés, fidélités anciennes qui nous structurent et nous limitent.

Les relations verticales (intergénérationnelles) entrent souvent en rivalité avec les relations horizontales (couple), et le conflit entre amours premières et amours contemporaines pèse plus lourd qu'il n'y paraît au premier abord.

Certains tentent de se démarquer diamétralement des modèles de leur enfance, et par là même montrent que c'est bien à ce modèle qu'ils se réfèrent. En choisissant le pôle opposé sur un même axe, ils risquent de se retrouver piégés à leur insu.

Cette femme de quarante-cinq ans réfléchit sur sa trajectoire après vingt ans de mariage:

«J'étais fille unique et j'ai grandi dans l'admiration, l'amour et la crainte envers un père brillant, autoritaire et ambitieux. Ma mère s'effaçait à son service, et moi j'étais censée réaliser une carrière spectaculaire pour combler mon père qui n'avait pas fait d'études. En me mariant, j'ai volontairement choisi un homme tout différent de mon père, sans comparaison possible, un homme modeste, silencieux, discret. Je ne voulais pas reproduire le modèle du couple de mes parents. Je m'aperçois maintenant que je n'ai pas cessé de houspiller mon mari pour qu'il devienne plus ambitieux, pour qu'il parle et s'affirme davantage, en fin de compte pour qu'il ressemble à mon père! Et en même temps, je l'en empêchais en prenant moi-même la position dominante... comme mon père. À tant vouloir éviter le modèle de mes parents, je l'ai reproduit à l'envers. Je me suis mariée avec quelqu'un qui a un caractère ressemblant à celui de ma mère!»

La transmission multigénérationnelle comprend des missions réparatrices, des injonctions, et le plus souvent des secrets liés à des événements qui peuvent remonter à plusieurs générations. Ils concernent un drame du sexe, de l'argent, de la folie, de la trahison, de l'abandon ou de la mort violente, le suicide en particulier.

Un homme et une femme qui fondent un couple apportent des fantômes dans la relation. Ils sont porteurs des fautes et des malheurs de leurs ancêtres, des expectatives inconscientes de leurs parents, de modèles, de dettes et de loyautés cachées.

Dominique, un jeune homme qui souffrait d'impuissance sexuelle, a fait un véritable travail d'archéologue pour retrouver des enjeux secrets dans sa lignée paternelle. Il a découvert que sa grand-mère avait été mariée contre son gré, alors qu'elle se destinait au couvent. Cette femme s'était attachée passionnément à son fils aîné (le père de Dominique). Son vœu le plus cher était que ce fils se consacre à la prêtrise, qu'il devienne dominicain. Ses motivations étaient confuses, elle ne se rendait pas compte qu'elle cherchait surtout à contrôler la sexualité de son fils, à le garder à elle, et à réaliser par procuration les aspirations de son adolescence. Mais ce fils s'était marié, avait nommé son enfant Dominique, et avait toujours conservé le sentiment d'être déloyal, d'avoir failli à sa mission.

Dominique, en se barrant l'accès à la sexualité, réparait la transgression de son père, et entrait à sa place dans le désir de sa grand-mère.

La force des liens verticaux, des liens de sang, l'emporte souvent sur les liens de l'alliance.

> «Je me plains parfois de ma mère, je la critique, mais si c'est ma femme qui le fait je ne le tolère pas, je me retourne contre elle, et je m'en prends aussitôt... à sa mère à elle!»

Bien des hommes et des femmes supportent mal leur belle-mère. Ce qui, en fait, est mal supporté, c'est la place prépondérante que cette femme a gardé dans le cœur de leur partenaire. Que cette priorité s'exprime par de l'amour et de la sollicitude ou sous forme de conflits et de rejets ne change rien à l'affaire.

> «Il y a quinze ans que j'entends ma femme souffrir de sa relation avec sa mère, et évoquer ses difficultés du passé et du présent. Chaque visite, chaque appel téléphonique est suivi de commentaires indignés et douloureux. J'ai toujours été disponible pour écouter, conseiller, intervenir même, mais cela n'a rien changé. J'ai été le témoin impuissant de la plus passionnelle des relations. Sa mère

aura été pour ma femme la personne la plus importante de sa vie!»

Il sera ainsi parfois impossible, dans la relation de couple, de détrôner l'idole ou le dragon des jeunes années de son partenaire. Certaines filles trop fixées à leur père ne peuvent proposer à leur partenaire qu'une relation de type infantile, elles ne parviennent pas à se positionner en femmes.

Aurélie a maintenant trente-six ans, elle vit depuis quinze ans avec un compagnon de vingt ans son aîné. Avec ses cols ronds blancs et ses longues boucles, cette grande femme bien bâtie a gardé des allures de petite fille au regard clair et aux joues rondes.

«Le plus important pour moi, dit-elle avec conviction, c'est mon désir d'enfant. Nous avons tout essayé en vain. Mon compagnon était vasectomisé quand je l'ai rencontré et il s'est fait opérer, "dévasectomiser" pour moi. Les médecins disent que mes ovules ont une membrane trop épaisse. Enfin quoi ça ne marche pas, mais cela ne change rien à mon désir d'enfant. Depuis toujours j'ai voulu être une mère.»

Nous pouvons entendre ces mots «mon désir d'enfant» dans le sens de «mon désir de petite fille, je garde le désir que j'avais quand j'étais enfant, désir d'être mère, désir irréalisable». L'inconscient d'Aurélie a réuni les conditions nécessaires au maintien d'un désir irréalisable.

En poursuivant ses investigations, Aurélie découvrit que les désirs d'enfant auxquels elle s'accrochait étaient multiples. Elle voulait donner un enfant à sa mère qui ne pouvait plus en avoir à la suite de sa naissance, elle voulait avoir un père plus présent que le sien, avoir aussi une mère moins infantile, et peut-être même concevoir un enfant avec son père.

Pour accéder aux désirs d'adulte, il nous faut le plus souvent lâcher nos désirs d'enfant.

Des conflits de loyautés qui ne s'étaient pas manifestés se révèlent parfois à l'occasion d'un changement professionnel ou d'un déménagement.

> «Mon mari a été nommé à un poste de professeur dans une ville voisine, et il a fallu cela pour que je réalise combien il était important pour moi d'habiter à quelques rues de la maison de mes parents. Sans compter le cercle d'amis que j'ai ici et mes habitudes dans le quartier. Ce serait un déchirement pour moi de le suivre, j'hésite, je remets en cause notre couple. Lui, il s'étonne qu'à mon âge je ne puisse pas vivre à distance de mes parents. Je comprends bien qu'il ne puisse pas sacrifier sa carrière. C'est sans issue, ce dilemme.»

Un «dilemme-sans-issue» signe toujours une difficulté interne à se positionner, à définir ses priorités, à faire des choix, c'est-à-dire à accepter des renoncements. Tout événement qui contraint des partenaires à clarifier leurs options, leurs sentiments, leurs sacrifices est une occasion de dialogue, de connaissance et de reconnaissance de soi-même et de l'autre. Les tensions sont le moteur de la croissance et du changement.

L'être humain est habité par un sentiment de dette, sans bien savoir qui doit quoi à qui. Les uns sont surtout sensibles à ce qui leur serait dû, à ce à quoi ils auraient droit. Plus ils souffrent, plus ils ont la conviction qu'ils méritent des compensations. Ces attentes revendicatrices se portent parfois sur le lien de couple et le surchargent d'espoirs irréalistes.

> «J'attends de lui qu'il restaure mon estime de moi abîmée par mon enfance humiliée. Je compte sur lui pour m'introduire dans une vie sociale. Mes besoins essentiels de réassurance, de tendresse, de reconnaissance ont été tellement frustrés, c'est à lui maintenant qu'il appartient de combler mes manques, de réparer ma vie. J'ai trouvé mon partenaire, je me laisse porter.»

D'autres se sentent redevables, et cherchent comment s'acquitter. Certains se forgent des missions réparatrices parfois très lourdes, dans l'espoir de peut-être se dédouaner. Même s'ils n'ont eux-mêmes guère été privilégiés.

Qu'est-ce qui pousse cet homme à continuer à vivre avec une femme persécutrice, incroyablement jalouse, qui lui mène une vie d'enfer? D'où lui vient cette mission de béquiller une personne insupportable?

Il est peut-être loyal à un message ancestral, il se peut qu'il rembourse le manquement d'un autre ou alors qu'il accumule des créances.

Chaque destin est unique et mystérieux, il s'imbrique avec ceux des autres par des liens qui dépassent notre entendement.

Ces quelques aperçus sur le langage des inconscients nous donnent cependant une idée de l'étendue des découvertes et des partages possibles, au quotidien. Chacun a tant à dire, alors que souvent nous entendons cette constatation désolée: «Nous n'avons plus rien à nous dire.»

Il ne faut pas oublier cependant que nous ne sommes en aucune manière le thérapeute de notre partenaire. Nos prises de conscience restent personnelles. Les partager sera parfois possible dans la communication en couple, mais tenter de changer l'autre ou de lui faire prendre conscience est une des impasses de cette communication.

Changement
Les murs ne sont pas toujours au-dehors...

Dans tous les murs, il y a une lézarde,
dans toute lézarde, très vite,
il y a un peu de terre,
dans cette terre, la promesse d'un germe,
dans ce germe fragile, il y a l'espoir d'une fleur
et dans cette fleur, la certitude ensoleillée
d'un pétale de liberté.
Oui, la liberté est en germe même dans les
murs les plus hostiles.
La liberté peut naître d'une fissure,
d'une rupture,
d'un abandon.
Elle peut naître aussi d'une ouverture,
d'un mouvement,
ou d'un élan de tendresse.
La liberté a de multiples visages,
elle est parfois la caresse d'un regard qui a
croisé le mien,
le rire d'une parole qui a transformé
la mienne
pour en faire un chemin.
Les murs les plus cachés sont souvent au-dedans
et dans ces murs aussi, il y a des lézardes...
Laisse pousser tes fleurs!
Elles sont les germes
de ta vie à venir.

Témoignages

Le malentendu qui nous avait maintenus si longtemps ensemble était le suivant: «Lui avait besoin de quelqu'un qui avait besoin de lui.»

Il n'a pas supporté de découvrir son propre besoin de moi. Cette dépendance lui a paru indécente. Son désir s'est éteint, lui, qui était si attentif à mes demandes, s'est mis à fuir. Il se dérobait au lit et s'accrochait au quotidien. Il m'a enfermée au sens non figuré du terme, dans un appartement immense dont il détenait toutes les clefs. L'enfer a commencé, je l'ai quitté après une crise de violence où il a manqué de m'étrangler…

***

Je ne sais à quel âge j'ai compris que les cadeaux étaient dangereux, mortifères. Enfant, j'avais reçu plusieurs animaux en cadeaux: une chatte, un chien, des lapins et même des poissons. Et tous avaient mal terminé. La chatte avait d'abord été stérilisée car elle sortait trop, puis donnée. C'était pourtant ma chatte. Les lapins avaient été passés à la casserole ainsi que les poussins devenus poulets ou poules.

Devenu adulte, je ne savais pas recevoir. Les marques d'attention, les cadeaux étaient très suspects. Les sentiments comme les relations n'étaient pas fiables. Les marques d'amour déclenchaient de l'angoisse. Celui qui s'attachait à moi tombait dans ce système. M'en libérer m'a demandé un long travail personnel.

***

Un soir il y avait à la télévision le film *Beau-père,* qui raconte la relation amoureuse et sexuelle d'une petite fille avec son beau-père.

Le soir même, j'ai eu du plaisir pour la première fois avec mon mari!

J'ai compris ce soir-là que j'avais eu plein de désir pour mon propre père. Je n'avais jamais osé me l'avouer et soudain c'était là, exprimé à travers le film.

L'année suivante j'ai eu des jumeaux, et je me suis dit que l'un des enfants je l'avais fait avec mon mari, l'autre avec mon père.

Cela peut paraître fou et indécent, mais ce n'est que de l'imaginaire, ou du symbolique peut-être.

***

Mon père avait comme maîtresse ma marraine, la sœur de ma mère. Toute petite, j'ai bien senti qu'elle avait la meilleure part. Mon père était aimable, toujours poli, séduisant avec elle; je le trouvais dur et rejetant avec ma mère.

Plus tard, dans mes relations amoureuses, j'étais toujours la maîtresse. Je ne voulais pas me marier avec un homme. J'ai mis longtemps à comprendre que je ne voulais pas la position de ma mère.

Un homme qui m'aimait a divorcé pour moi, il m'a demandée en mariage. Je ne l'ai pas supporté, je l'ai quitté.

Je commence lentement à sortir de ce système.

***

Quand j'avais quatorze ans, mon frère est mort et pendant des années, je l'ai cherché passionnément dans mes rencontres avec les hommes.

L'an passé, j'ai rencontré un jeune homme qui est né l'année où mon frère est mort.

Il m'a offert son chandail et j'ai dormi plusieurs mois avec ce vêtement comme un doudou.

Nous avons fait l'amour quelques semaines et puis je l'ai brusquement quitté. J'ai enterré le chandail et la photo de mon frère. Quelque chose s'achevait.

Une semaine après, j'ai rencontré l'homme avec qui je pouvais enfin faire un enfant.

***

J'ai besoin de rester dans le manque, dans l'attente ou l'espoir et parfois aussi dans la frustration; le comblement m'angoisse.

J'ai choisi une femme qui tente pathétiquement de me combler dans tous les domaines. «Je ne veux pas qu'un jour tu puisses te plaindre de moi» dit-elle fréquemment. Je vis ainsi une sorte d'enfer voilé, masqué par les apparences.

Je suis obligé de saboter une grande partie de tout ce qu'elle m'offre. La folie de cette situation, c'est que je m'attache à d'autres relations qui me frustrent sexuellement. Je commence à en parler, c'est déjà un pas important.

* * *

Le mariage est le lieu où la haine peut se vivre sans trop de risques.

J'ai entendu une femme dire cela un jour et cela ne m'avait pas scandalisée. C'est d'ailleurs ce qui m'avait surprise, que je ne me sois pas choquée d'une telle affirmation.

Depuis, cette phrase a fait du chemin en moi et j'ai enfin entendu la violence, la haine, oui la haine qui peut circuler entre deux personnes qui s'aiment.

Et j'aimerais me sentir assez aimée pour pouvoir dire mes haines et mon amour à l'homme que j'aime, avec qui je partage ma vie, sans le blesser, sans le faire fuir ou être vue comme un monstre. C'est terrible de ne pouvoir parler de tout ça.

* * *

L'amour me renvoie à l'enfance, me rejette sur les berges de la vie de ma mère. Toute sa vie était tournée vers la souffrance et la mort, les trahisons, les incompréhensions, les pertes, les séparations, les maladies. Déceptions, frustrations, menaces et violences sont indissolublement associées à la femme.

Être femme, c'est s'acharner à attirer et à survivre dans tous ces malheurs. Combat titanesque de ma mère, qui fit de ses filles des alliées sans comprendre qu'elle en faisait ses victimes. Quand je fais ou je vis l'amour, l'autre ne sait pas dans quoi je me débats, tout ce qu'il me faut écarter, dépasser, laisser. Il me dit, croyant tout résoudre: «Si tu la voyais moins souvent, tu aurais moins mal!» Il ne sait pas que je n'ai même pas besoin de la voir, car elle est en moi. S'imagine-t-il qu'il fait l'amour avec plusieurs générations de femmes blessées?

***

J'ai fait un rêve qui m'éclaire sur mon poids et l'origine de ma blessure. Un homme inconnu posait sa main sur mon ventre nu en disant: «Qu'as-tu là comme cicatrice?» Et je pleurais, pleurais car j'avais entendu: «Qu'as-tu là comme blessure?» Je n'osai pas avouer à cet homme qui me paraissait bon pourtant, mon regret de ne pas avoir de pénis, de ne pas avoir ce qu'il représente. Le fait d'avoir été trompée, flouée depuis ma naissance en n'ayant qu'une fente.

Depuis ce rêve, j'ai perdu cinq kilos sans régime, sans précautions alimentaires. Des peurs, des angoisses, du vide se sont esquivés. Je dis esquivés comme s'ils sortaient en effet discrètement de ma vie. Soulagement d'un grand poids lâché. Mon mari m'a dit cette phrase étonnante après que j'eus exprimé un désir: «Mais tu commences à être une vraie femme, je vais pouvoir oser aussi être un homme!» Cette phrase m'a ouverte à des échanges sans fin avec lui.

***

V

Langage des sentiments

Langage des désirs, des peurs, de l'imaginaire, de l'inconscient, mais où sont donc les sentiments, où est l'amour? N'est-ce pas lui qui est porteur en premier lieu de la communication sexuelle? Le langage des sentiments est essentiel, et lui aussi peut entraîner des décalages.

Au-delà de la rencontre, fondée sur la dynamique complexe de l'attirance dont les enjeux diffus sont pour une large part inconscients, la relation dans la durée s'appuie et s'ancre sur des sentiments. Une multitude de sentiments circulent, se rencontrent ou s'égarent entre deux personnes, qui nomment cette multitude amour.

Aimer, mot si vaste qu'il en devient passe-partout, mot qui désigne tout élan positif, que cette attraction se porte vers les frites, les films de Woody Allen, vers Dieu, un enfant, ou vers notre conjoint.

Nos amours de couple se composent d'ingrédients divers, dans des proportions et des combinaisons infiniment variables.

Nos «Je t'aime» éclosent à partir de sentiments très différents, et sont porteurs de significations multiples. À chaque amour, il faudrait ajouter un qualificatif qui permettrait de mieux voir la dynamique que nous proposons, de mieux entendre le mouvement et la direction des sentiments.

Nous avons tenté de repérer et de qualifier certaines composantes de cet ensemble de sentiments nommé amour.

L'amour de plaisirs

Il est lié aux désirs de donner et aux bonheurs de recevoir.

J'éprouve un sentiment de gratitude lorsque je me sens reçu, entendu, reconnu dans ma singularité, dans mon authenticité la plus ouverte. Je ressens de l'allégresse quand mon attention, ma tendresse, mon intérêt pour l'autre rejoignent sa réceptivité.

Mon envie dans cet amour-là, c'est d'aller vers l'autre, de me proposer à lui, et non de le tirer à moi. Mon mouvement est offrande et accueil, émotion, présence: mon affection englobe l'autre et moi-même.

Mes «Je t'aime» ont couleur de «Merci» et de «Alléluia». Ils disent: «Je te reconnais, toi» et «Je me sens reconnu par toi». Il y a ainsi des «Je t'aime» uniques qui traversent notre existence et nous aident à vivre le meilleur de nous-mêmes.

L'amour de sécurité

Il répond aux désirs de partage, de mise en commun; il est associé à un besoin essentiel de continuité.

J'ai un sentiment d'appartenance et d'assurance quand j'ai la certitude de pouvoir compter sur la solidarité et la bienveillance de l'autre, sur son compagnonnage régulier, et que je n'ai pas de doutes sur mon désir de poursuivre avec lui.

J'ai un sentiment de confiance en moi si je suis convaincu que je peux m'ouvrir et me dévoiler sans que l'autre m'exploite affectivement, me colonise, s'approprie ma personne.

Mes «Je t'aime» disent: «Je vis du bien-être auprès de toi.»

L'amour de sécurité est un antidote aux peurs d'être abandonné, d'être seul, de n'être pas aimable, et aux angoisses d'être envahi, possédé, aliéné. Lorsque ces craintes ont pris une place prépondérante dans mes sentiments, j'entre dans un amour de peurs.

L'amour de peurs

Mon inquiétude reste vivace malgré les preuves de l'attachement de l'autre. Je vais avoir besoin de vérifier sans cesse qu'il m'aime vraiment, que j'ai une place centrale dans sa vie, et je vais faire dépendre ma valeur et ma sécurité intérieure des signes d'amour ou de non-amour que je capte. Ma peur peut être si forte, et mon sentiment de ne pas être digne d'être aimé si prégnant que je sélectionnerai les signaux négatifs et attribuerai une interprétation dévalorisante aux actes et aux paroles de l'autre. Jusqu'à l'absurde parfois, jusqu'à l'usure et même jusqu'à la destruction de la relation. Ainsi, j'aurai encore une fois la preuve que je suis vraiment nul, ou incapable d'être aimé.

«Oh, tu m'as acheté cette jupe parce que tu trouves que je choisis mal mes habits?»

Mon angoisse débouchera peut-être sur des besoins de possessivité et de contrôle. Mes sentiments s'inscriront dans une relation de pouvoir, soit que je donne tout pouvoir à l'autre par peur de déplaire, soit que j'exerce le pouvoir au nom de l'amour par diverses pressions affectives.

«Si tu m'aimais, tu sortirais moins…»

Et cela peut aller jusqu'au terrorisme relationnel subi ou agi, l'un imposant ses désirs et ses peurs à l'autre, en faisant appel aux bons sentiments.

Mes «Je t'aime» sont des appels au secours: «Rassure-moi, j'ai peur que tu me quittes, j'ai peur de ne pas être aimé, j'ai peur du changement. J'ai surtout peur tout au fond que tu ne saches pas résister à mes attaques, que tu te décourages, que tu renonces. Et déjà je t'en veux à l'avance de tout ce que tu n'as pas encore fait… mais que tu ne manqueras pas de faire si je continue…» Cercle infernal que celui des amours de peurs!

L'amour de restauration

Ce type d'amour est basé sur les manques.

L'amour donné et reçu aide à cicatriser des blessures anciennes, par la rencontre de l'inespéré, par la joie de vivre enfin un accueil et une reconnaissance jamais connus.

Mais cette réparation est une dimension fragile et délicate car les manques nés de notre histoire, et le manque inhérent à la condition humaine ne seront jamais comblés.

Et je vais peut-être justement donner mission à l'autre de combler mes manques anciens et plus récents ou me donner mission de réparer en lui les failles et les déchirures de sa propre histoire pour peu qu'il ait laissé apparaître quelques souffrances, montré quelques blessures...

Je demande à l'autre de se mettre au service de mes attentes, de me donner ce que mon père ou ma mère n'a pas pu m'offrir — et qui, dans mon sentiment, m'était dû — de me fournir l'attention que mon premier mari a négligé de m'accorder, ou l'accueil que mon ancienne amie me refusait. J'attends de l'autre qu'il m'enlève ma dévalorisation personnelle cultivée de longue date, qu'il efface mes doutes, qu'il colmate mon impression de vide. Je veux qu'il fasse de moi un vrai homme, une vraie femme, qu'il rétablisse mon identité chancelante. Mes ressources s'immobilisent dans cet espoir d'un comblement par l'autre, même si je camoufle la démesure de mes attentes. Et parfois cacher mes propres attentes jusqu'à les nier sera une stratégie subtile et destructrice.

Nos inconscients nous poussent souvent à choisir pour ces missions la personne de restauration qui sera, à la longue, la moins adéquate pour répondre à ces attentes impossibles. Alors l'espoir déçu et le manque entretenu par la frustration renouvelée deviendront un ciment important dans la relation, mais un ciment paralysant.

Le lien du manque produit une attache quasi indestructible, dont la longévité est entretenue par le ressentiment ou la plainte. Il est si difficile de renoncer à ce que l'on n'a pas!

Le désir se maintient vivant et renaissant dans ce décalage entre l'attente et la réponse.

«Je suis très attachée à lui, car j'attends beaucoup de lui, j'attends tout ce qu'il ne me donne pas.
J'attends depuis quinze ans qu'il me parle de lui, et
il se tait de plus en plus.»

«Je ne peux pas m'éloigner d'elle à cause de
tout ce qui ne s'est pas passé entre nous. Elle ne m'a
jamais donné la compréhension et la reconnaissance dont j'avais besoin, je continue à les attendre
d'elle.»

La quête d'une restauration a pour corollaire le besoin
de réparer les manques de l'autre, de le guérir de ses blessures, de le combler. Ce désir émane parfois d'un déplacement
de l'amour incroyable et impuissant que les enfants portent à
leurs parents.

C'est la souffrance de ma mère, c'est la dépression de
mon père, c'est l'échec du couple de mes parents que je tente
aujourd'hui de panser chez mon partenaire.

«Je ne quitterai pas mon compagnon puisqu'il
continue à boire malgré tous mes efforts pour l'en
dissuader, car sans moi il est perdu.»

Mes «Je t'aime» signifient soit: «Comble-moi»,
soit: «Moi seul peut te sauver, t'aider.»

L'amour asymétrique

L'asymétrie est présente dans tout amour.

Je ne vis pas la même histoire que celui qui la partage
avec moi. C'est souvent celui qui accorde le plus d'importance à la relation qui en souffrira le plus.

Chacun aime l'autre différemment, ce qui ne signifie pas
forcément moins, davantage ou mieux, mais avec des attentes
et des apports qui ne sont pas les mêmes.

«J'attends de lui une stimulation, et il attend
de moi un apaisement.»

Trop d'asymétrie crée souvent un malaise chez l'un des partenaires.

Cet homme adoré par son amie a tendance à s'appuyer sur la puissance du sentiment qu'il reçoit, tandis qu'elle se sent démunie, dans l'attente et l'espoir de susciter un sentiment semblable, et ne le recevant pas.

Cette femme supporte mal d'être l'objet d'un investissement trop massif, elle est déconcertée et mal à l'aise de ne pouvoir répondre par la pareille aux mots passionnés qui lui sont adressés. Elle ne se sent pas à la hauteur; elle se sent surtout insuffisante par rapport à la demande supposée de l'autre. Elle ne peut accepter qu'il vive pleinement la satisfaction d'aimer et de donner sans attendre une réciprocité semblable.

L'amour de consommation

L'asymétrie peut aller jusqu'à une dynamique où l'un se nourrit de l'amour de l'autre.

J'aime l'amour que l'autre me témoigne, je me laisse aimer, cela me valorise, m'amplifie, m'ancre pour aller plus loin, pour me réaliser ailleurs, pour développer mes potentialités. Je vis le plaisir d'être aimé, laissant à l'autre le plaisir d'aimer — et peut-être la douleur de ne pas être aimé comme il aime.

Mes «Je t'aime» sont des «Oui, j'aime ton amour, j'aime la façon dont tu m'aimes».

Ces «Je t'aime» là non seulement consomment l'amour mais ils consument l'autre, le laissent exsangue, épuisé par un amour énergivore qu'il est seul à nourrir.

L'amour idéalisant

Cet amour se compose en bonne partie de sentiments fixés sur des idées et des images.

La rencontre amoureuse porte à l'enthousiasme. J'ai trouvé l'être qui correspond à mes aspirations, qui dépasse ce que j'avais imaginé, qui fait écho à une image présente depuis longtemps au tréfonds de moi.

Par la suite, je vais peut-être rester attiré par cette image que je me suis faite de l'autre, par une définition dans laquelle je l'ai enfermé (et moi avec), ce qui m'empêchera de le connaître vraiment, de le rencontrer.

«J'ai besoin d'admirer pour aimer. Quand il s'absente de notre relation, je le vois comme un de ces héros qui s'arrachent à l'amour pour choisir la liberté.»

Je peux entretenir ma vision, ma fiction, et la plaquer sur l'autre, en restant aveugle aux signes qui se démarquent de l'image. Et l'autre peut-être s'efforcera de ressembler à mon idéal, tout en ayant l'impression de n'être jamais à la hauteur d'un imaginaire sublime, et en ne se sentant pas reconnu pour ce qu'il est.

«Ma femme est adorable, toujours souriante et disponible, comme j'en rêvais. Elle ne fait jamais d'histoires, elle comprend si bien mes besoins.»

Je vivrai un bel amour, de belles images, en gardant ou en niant une vague sensation d'inauthenticité, de mensonges et d'échec.

Mais le plus souvent, à partir de mon idéalisation, je ne verrai peu à peu plus que ce que l'autre n'a pas, ce qui en lui ne correspond pas à ma représentation, et je vivrai des déceptions renouvelées.

«Pour moi la femme était une sorte d'être magique, qui allait entendre mes demandes sans que je les dise. Si bien qu'au fil des ans, je lui en ai voulu de plus en plus de ne pas entendre ce que je ne disais pas. Et c'était chaque jour! Voilà, encore une fois, elle n'a pas compris, pas senti, pas deviné!»

De toutes façons, que je maintienne ma fiction ou que je me fixe sur ce qui manque, mon partenaire ne se sentira pas aimé. Il aura l'impression que je me trompe, que ce n'est pas à lui que je m'adresse, mais à l'homme ou à la femme que je voudrais qu'il soit.

Je ne sacrifie pas mon rêve à la personne vivante qui est là, en face de moi, coupable de n'être que ce qu'elle est.

Mes «Je t'aime» auront bien pour sens: «J'aimerais que tu sois comme ceci et comme cela. Que tu sois surtout comme je te veux, comme je t'ai choisi.»

L'amour image de moi

Une fascination et une idéalisation de l'autre peuvent s'emparer de moi quand je vois en lui ce que je voudrais être moi-même. Il ressemble à une image idéale de moi.

Mon désir, dans cette dynamique, se portera vers une personne ayant actualisé des qualités qui en moi sont restées à l'état de potentiels. Mon émerveillement se fixera, par exemple, sur une assurance, un dynamisme, une créativité, un goût de vivre que j'ai moi-même peu développés, mes inhibitions les maintenant sous le boisseau. Ou sur une facilité d'expression affective, une légèreté que je n'ai pas, ou sur une maîtrise de soi que je n'atteins pas.

Mon amour et mon désir d'être aimé sont alors d'abord recherche de reconnaissance: si cet autre tellement valorisé à mes yeux me choisit, moi je participe de sa valeur, je m'approprie son prestige. Par procuration, j'atteins mon idéal. Tous les chemins sont bons pour entretenir un système relationnel que j'alimente avec ferveur et courage.

Cette orientation de l'amour évolue parfois vers une critique permanente de l'objet de mon adulation, non qu'il ne soit pas à la hauteur de mon idéal, mais du fait qu'il me devient peu à peu insupportable que ce ne soit pas moi qui sois et fasse ce que l'autre est et fait. Mes critiques se déplaceront sur n'importe quel sujet, mais en particulier sur les qualités mêmes qui avaient suscité mon attirance. Ce qui m'avait tellement séduit chez l'autre me paraît aujourd'hui débile et inconsistant. Je n'ose plus reconnaître que j'ai été porteur de ces valeurs, de ces croyances-là...

La belle assurance qui me fascinait deviendra: «Tu veux toujours avoir raison.» L'expression libre qui m'impressionnait sera disqualifiée: «Tu ne penses qu'à tes états d'âme.»

La grande erreur de l'autre consisterait à croire que mes critiques représentent une demande qu'il s'améliore. Mon désir n'est pas qu'il devienne encore plus admirable à mes yeux, renforçant ainsi une dévotion qui me dépossède de moi-même; mon besoin est de le critiquer pour le critiquer. Pour enfin exister par moi-même. Pour me libérer d'une idéalisation aliénante, pour sortir de la soumission de mon moi à une idole qui le colonise, pour me dégager d'une adoration qui m'habite trop, afin de reconquérir mon autonomie affective et ma valeur propre.

Le seul apaisement — passager — à ma compulsion à critiquer vient lorsque l'autre reconnaît des manques en soi et valide mon point de vue. S'il se justifie et se fait valoir, j'attaquerai davantage cette image qui me dévalorise par comparaison.

Seuls ceux qui s'aiment et s'estiment eux-mêmes peuvent se laisser porter dans la durée par l'enthousiasme pour un autre. Leur élan n'est pas basé sur l'envie, mais sur le plaisir et l'amour de la différence.

L'amour de dépendance

«J'ai besoin de toi», mots tendres qui font plaisir, qui rassurent (il ou elle ne me quittera pas), qui donnent un sens à ma vie (je suis très important pour quelqu'un, essentiel à sa vie).

«J'ai besoin de toi, je ne peux pas vivre sans toi», mots terrifiants qui risquent de m'aliéner pour de longues années. Surtout si j'y crois, si je me sens le dépositaire d'une vie, responsable des besoins de l'autre, de son bonheur ou de sa souffrance.

Que je remette mes besoins existentiels aux bons soins de l'autre, ou que je veuille prendre en charge les siens, les rôles varient mais la dynamique est la même. Elle mène à une interdépendance mortifère.

Je ne peux pas «faire» le bonheur de l'autre; il ne peut pas «faire» le mien. Nous ne pouvons qu'à peine contribuer au bonheur de l'autre, et il nous est possible surtout de ne pas nous y opposer!

L'amour de dépendance est un amour de peurs, il rejoint les besoins de restauration et les angoisses d'abandon. Il exige un amour exclusif et sans faille, il peut déboucher sur la jalousie pathologique.

Ce sont ces amours de besoin qui mènent aux crimes que les journaux relatent sous les titres «Drame passionnel» ou «Il tue par amour».

Il devient intolérable que l'autre se détourne de moi et de mes attentes; il devient totalement insupportable que celui que je dis aimer soit aimé par un autre que moi.

Les «Je t'aime» de l'amour de besoin crient: «Aime-moi, et prends-moi en charge, car sans toi je suis perdu!»

L'amour oblatif

Aspect de l'amour où je donne sans songer à une contre-partie, sans attente d'aucune sorte, sans l'ombre d'une pensée de troc relationnel. C'est un amour inconditionnel que j'offre à l'autre.

Je donne et je reçois sans m'en apercevoir, simplement en étant dans ce moment-là centré sur l'autre, sur ce qu'il est, ce qu'il vit, et ni critiques ni jugements n'effleurent mon esprit. Je donne gratuitement, ou gratis comme disent les adolescents. Mon abondance et ma générosité sont sans besoin de retour.

Mon intérêt va vers l'autre, c'est lui qui m'importe, et sans sacrifice, sans abnégation je suis dans le bonheur de l'écouter vivre, de le regarder penser, de le sentir être. Je suis décentré de moi, et mon plaisir est d'employer mon imagination à saisir le point de vue de l'autre, à entrer dans son monde, dans son rêve peut-être.

Mes «Je t'aime» disent: «Tu es» et «Je suis».

L'amour oblatif est miraculeux comme le parfum d'une rose. Je peux le laisser naître, le cultiver en écartant les obstacles, l'accueillir. Je ne peux le forcer ni chez moi ni chez l'autre.

L'amour sacrifice

Le volontarisme oblatif risque de m'entraîner sur la pente de l'amour-sacrifice de moi, de l'amour-dévouement total, de l'amour-soumission, dans la lourdeur du pseudo-altruisme. Je me renie, je nie mes désirs propres, mes besoins personnels, au service de la satisfaction de l'autre. Pseudo-satisfaction pour lui aussi, d'ailleurs, car il n'a alors personne en face de lui, sinon un mensonge sincère, ou un zombi.

Si je tente sans arrêt d'actualiser un amour inconditionnel, surhumain, dépourvu de toute demande, je ne suis pas vrai. Je ne peux être entièrement vrai en prétendant incarner l'amour magique et absolu qui hante notre imaginaire.

Mes «Je t'aime» diront bien: «Je t'aime tel que tu es, sans condition» mais ils risquent de se doubler, avec le temps, avec les frustrations, de mots tels: «Après tout ce que j'ai fait pour toi, tu dois m'aimer.»

L'amour conditionnel

Nos amours humaines sont en partie conditionnelles. J'aime l'autre différemment selon qu'il me frustre, m'émerveille, m'agace ou me réjouit. Je vois que l'amour de l'autre fluctue aussi selon ce qu'il trouve ou ne trouve pas auprès de moi.

Même si mon amour de base, inconditionnel, n'est jamais retiré, les conduites et l'état de mon partenaire en modifient les strates superficielles. Ma réactivité influence mes sentiments.

> «Elle se plaint continuellement de tout, que ma compassion s'effrite, fait place à des mouvements de rejet et d'impatience.»
>
> «À force d'avoir l'impression de ne pas exister vraiment pour lui, mon attachement se défait, s'amenuise.»
>
> «Quand je le vois si joyeux et tonique, plein de projets à me proposer, je sens flamber mon amour pour lui!»

Très tôt dans notre vie d'enfant, nous avons cru que nous serions mieux aimés si nous répondions aux demandes de nos parents en étant propres, gentils, intelligents, travailleurs. Bien que l'amour parental et filial soit parmi les plus inconditionnels (l'amour demeure pour le fils révolté, pour le père abusif, pour la mère défaillante, pour la fille égarée), il peut y avoir dans ces relations tout un jeu d'escroquerie à l'amour qui fait croire que l'affection est proportionnelle à la soumission.

> «Je t'aimerai davantage si tu me donnes ce que je demande; je t'aimerai mieux si tu fais ce que je veux.»

On retrouve cette croyance dans la plupart des relations amoureuses où les comportements sont conditionnés par le besoin d'être approuvé et la peur d'être rejeté. Nos «Je t'aime» signifient alors: «Je t'aimerai si tu... Je t'aime quand tu...»

Poussé plus loin encore, l'amour conditionnel devient de l'amour comptable, de l'amour de troc.

> «Je l'ai écouté, c'est bien son tour de m'écouter; je l'ai soigné, je peux compter sur ses soins si je suis malade; je lui ai donné mon aide, mon temps, j'attends la pareille. Si je m'occupe de son plaisir, il veillera au mien; si j'accepte de faire l'amour, il m'aimera; si je montre des sentiments, j'obtiendrai son désir.»

Mes «Je t'aime» disent alors: «Je t'aime encore car tu me dois... Tu me dois tout ce que tu ne m'as pas donné...»

La comptabilité affective est paradoxale, elle totalise soigneusement tout ce qui ne s'est pas passé. Elle demande quittance pour les refus, les non-réponses. Elle fait payer ce que nous n'aurons pas reçu. Elle exige parfois que l'autre reste dans la dette, ce qui nous permet de continuer à mieux le culpabiliser.

L'amour ambivalent

Il y a peu de relations dans la durée sans ambivalence des sentiments, sans un certain ressentiment né des inévitables déceptions. C'est un étrange métissage de haine et d'amour, une concurrence de sentiments à l'intérieur d'une même personne.

Ces concurrences internes provoquent le désarroi, car les sentiments qui se heurtent en nous n'appartiennent pas au même plan: un sentiment de culpabilité n'est pas du même ordre qu'un sentiment amoureux, le besoin de préserver son espace ou son moi ne se situe pas dans le même registre que l'envie de plaisir sensuel. Mais ils entrent tout de même en conflit les uns avec les autres.

De ce mélange inextricable, incompréhensible par la complexité des facteurs en jeu, émanera souvent une plainte sur l'autre, une accusation immémoriale venue de la nuit familiale, et de plus loin, d'un paradis perdu et d'une terre promise pas atteinte.

Plaintes, accusations et reproches trouvent toujours chez l'autre des failles où se loger, des aspérités où s'accrocher, des points d'ancrage pour amarrer des amertumes.

L'amour passion

Le mot passion signifie souffrance. Et pourtant chacun — ou presque — rêve ou a rêvé de connaître la passion amoureuse. Celui qui a vécu l'amour fou déclare immanquablement ne pas le regretter, quel qu'ait été le prix à payer.

C'est l'intensité qui fascine dans la passion, le grand chambardement, la folie merveilleuse qui bouleverse le cours normal — normatif — de la vie, et fait éclater les limites du moi. Enfin voilà un élan révolutionnaire, une vraie revitalisation!

L'inouï surgit et engendre l'attente indéfectible qu'encore plus de merveilleux surgira, que l'instant magique en prépare un autre encore plus éblouissant.

Expansion qui se nourrit de l'évidence du beau, qui sensibilise au sens du sacré, qui se dynamise sans cesse vers l'infini. L'amour passion nous rend semblables à une étoile qui a changé d'orbite, qui est entrée dans l'attraction vertigineuse d'une autre étoile. Pour courir plus vite vers sa destruction ou celle de l'autre.

La passion pour un être est transformatrice, tous les événements prennent sens, toutes les sensations sont avivées. La passion recueille les perceptions les plus ténues pour les focaliser sur moi-même, l'arbre dans la cour n'est plus le même, ni mon voisin, ni même le loquet de la porte. La passion révèle l'éclat insoupçonné des petites choses, elle fait scintiller l'inutile.

L'amour passion sert de modèle et d'étalon dans nos mythologies avouées ou non avouées. Il évolue de façon imprévisible vers le pire ou le meilleur, ou bien il disparaît aussi subitement qu'il a surgi. Son mystère dépasse toutes les analyses.

L'état amoureux, par son mouvement, me donne accès à une intime connaissance immédiate de l'autre, mais en même temps, il me fait le méconnaître. Comme si j'avais accès à son âme, mais pas à sa personnalité psychologique. En projetant sur lui ma fascination, mes attentes implicites, mes besoins, je le transforme à la fois en réceptacle et en générateur, et je ne le vois pas réellement. Le sentiment amoureux commence par l'incompréhension de soi et de l'autre: ce que je crois être en lui, ce qu'il croit être en moi s'interpénètrent dans l'illusion et l'irréalité.

Qui n'a cultivé en secret l'espoir paradoxal de vivre les exaltations de la passion dans la sécurité d'une relation de longue durée au quotidien?

L'amour passionné ne s'inscrit dans la durée qu'en se teintant d'Agape, cette affection oblative tournée vers l'autre, sans besoin de le posséder. Et c'est miracle quand Agape n'éteint pas Éros l'exigeant, le sensuel et l'exclusif.

L'amour passionné peut devenir amour passionnel, obsédant, possessif et destructeur. Le sentiment devenu excessif me donne l'impression d'être dépossédé de moi-même. Je tente de posséder l'autre, donc de le déposséder de lui-même. Alors la haine et la folie ne sont pas loin.

L'amour passionnel est bien amour-souffrance, quand mon centre, ma source vitale n'est plus en moi. Je l'ai placé chez cet autre dont j'attends qu'il irrigue ma vie. L'angoisse d'abandon et de rejet entretient la passion, en me rendant plus vulnérable.

Certains prétendent que l'éloignement ou l'infidélité de l'un augmente l'amour de l'autre: cela accroît non pas l'amour, mais la passion, la panique, l'aliénation. Ce sentiment d'être aliéné, étranger à soi-même incite certains à écrire pour trouver une médiation. La poésie, le roman seront des tentatives de s'approprier enfin l'objet d'amour si insaisissable, si nécessaire.

Les «Je t'aime» de la passion sont des cris de triomphe et de douleur, des cris d'enfantement de soi. Ils disent: «L'amour existe puisque je l'ai rencontré.»

«L'amour peut être notre plus vraie religion et en même temps notre plus vraie maladie mentale» écrivait le sociologue Edgar Morin.

L'amour d'évolution

Mon amour est orienté et coloré par mon désir d'évoluer, et par l'attention que je porte au développement de la personnalité de l'autre.

Mon besoin essentiel de croître, de réaliser mes potentialités, trouve un appui dans le regard de l'autre, dans sa façon de reconnaître mon unicité, de soutenir mon voyage individuel vers une plus grande maturité, d'accueillir mes progressions.

J'ai le désir aussi d'être un témoin privilégié et peut-être même un agent de l'évolution humaine et spirituelle de mon partenaire. L'importance dont je revêts l'autre le fait grandir; l'importance qu'il m'attribue m'aide à croître. La relation et la communication intimes nourrissent nos cheminements indépendants.

J'attends et j'offre aussi une stimulation par la confrontation, par la critique bienveillante (cela existe), par les interpellations réciproques. La coexistence peut être mutuellement éducative.

«Mon compagnon, dans les premiers temps de notre vie commune, me disait souvent que je ne tenais pas assez compte de lui. Je me rebellais, j'avais peur de me mettre à son service, comme j'avais vu ma mère le faire envers mon père. Mais peu à peu j'ai réalisé qu'en effet je menais ma vie et mes occupations et organisais celles de notre enfant sans me soucier de ses horaires à lui, de ses contraintes et même de son avis. Ses protestations m'ont aidée à découvrir mes peurs et à écouter mes comportements.»

Les inévitables dilemmes qui sont au cœur de toute relation profondément engagée — autonomie et dépendance, domination et soumission, liberté et attention à l'autre — peuvent devenir les obstacles nécessaires au dépassement de soi.
Cet amour-là, fait de risques, d'équilibrages subtils, de courage, d'efforts et de discernement, semble bien peu romantique. Pourtant, il est porteur de joies multiples, il poursuit son véritable dessein, celui de la croissance individuelle.
Mes «Je t'aime» disent: «Ose être toi pour que je puisse être moi sans réticence.»

Nos amours[1] sont composées de diverses facettes de ces sentiments, les dominantes de certains aspects variant selon les moments du jour, selon les phases de la relation, selon les évolutions.
Mais il ne suffit pas d'éprouver des sentiments pour l'autre. Encore faut-il les faire parvenir jusqu'à lui par des mots, des gestes, des actes. Encore faut-il donner l'amour ressenti, c'est-à-dire l'inscrire dans la relation. Certains semblent thésauriser l'amour qui les habite, le garder en eux comme une denrée précieuse, sans jamais l'offrir. L'autre ne percevra peut-être que l'écume amère de cet amour, sous forme de demandes-reproches: «Tu n'es jamais là…» «Tu ne me parles pas assez…»

---

1. L'expression «notre amour» recouvre une fiction. En réalité chacun ne peut évoquer que «l'amour que j'ai pour toi et l'amour que je sens en toi pour moi».

L'expression des sentiments

Les sentiments ont beaucoup de peine à se dire. Ils ne s'aventurent dans une parole qu'avec pudeur et gêne; les mots leur semblent trop vastes ou trop petits, trop usés aussi.

L'expression de sentiments est loin d'être aussi spontanée que nous voudrions tous le croire et le vivre. Les sentiments et les émotions font peur, ils font parfois honte, ils sont notre vulnérabilité, la porte ouverte sur une perte de maîtrise possible.

L'amour et la tendresse sont difficiles à mettre en mots; leur expression suscite pour certains un malaise, un mouvement de recul, une recherche de refuge sur un terrain plus rationnel et plus tangible.

> — Je suis tout attendrie de te voir t'occuper de notre bébé avec des gestes si doux...
> — Cette bouillie me paraît un peu trop épaisse, peux-tu me passer le lait...

Les effusions sont parfois mal tolérées, et pour certains, il est plus aisé d'exprimer des affects hostiles, des découragements, des critiques, des déceptions que de manifester des émotions tendres et chaleureuses.

Les sentiments sont à la fois le moteur de toute communication — ce sont eux qui nous poussent à partager, à interroger, à interpeller — et un des freins les plus puissants aux échanges ouverts.

Nous expérimentons parfois que plus nos sentiments sont intenses et plus notre interlocuteur est important pour nous, plus des peurs et des pudeurs handicaperont la communication.

> «C'est quand même fou, disait cette jeune femme, je parle plus ouvertement de moi à ma voisine qu'à mon mari! Alors que c'est avec lui surtout que j'ai envie de partager. C'est de lui qu'il m'est vital d'être entendue et reçue, et cette importance même suscite en moi la peur de ses réactions. Car

lui, il est concerné par tout ce qui se passe en moi, il ne peut pas être neutre, et d'ailleurs je ne voudrais surtout pas qu'il le soit.»

La parole affective paraît aisée lorsque les sentiments évoqués concernent... un tiers. La plupart de nos échanges sont basés sur ce triangle: je parle à quelqu'un de ce que je ressens vis-à-vis de quelqu'un d'autre, ou d'une situation extérieure, d'une idée, d'une œuvre.

C'est lorsque les sentiments exprimés par notre interlocuteur nous concernent que la communication devient fragile, craintive ou bloquée: il est alors pratiquement impossible d'entendre simplement l'autre en se décentrant de soi. La réaction affective de l'écoutant l'empêche de reconnaître et de recevoir les sentiments exprimés par son partenaire. Car savoir écouter signifie pouvoir faire taire en soi, momentanément, des sentiments qui se bousculent, et dans l'échange amoureux, c'est un exercice de haute voltige affective: il faudrait ne pas être amoureux pour y parvenir!

En témoigne ce fragment de dialogue entre deux jeunes gens:

— Tu viens chez moi ce soir?

— Non, ce soir je préfère être seul.

— Oh! quand même! Qu'est-ce que ça signifie? Tu n'as pas envie d'être avec moi? Depuis une semaine nous nous sommes à peine rencontrés. Tes «non» me blessent.

— Ne réagis pas comme ça! Si tu t'emportes ainsi je vais me sentir coupable, je n'oserai plus te dire mes vrais désirs.

— Moi je m'emporte, je suis comme ça et je veux pouvoir exprimer ce que je ressens. Si je dois te ménager en cachant mes blessures, je ne peux plus être moi. Accepte mes réactions, cela ne veut pas dire que tu doives changer de projet. Le plus horrible, ce serait que tu me dises oui si tu as envie de dire non.

— Alors accepte aussi que je supporte mal que tu t'emportes. Tu sais que je me sens mal dans les conflits, mais cela ne signifie pas que je te demande de cacher tes sentiments.

— Maintenant je me sens coupable que tu te sentes coupable de m'avoir blessée...

— Et moi je suis coupable que tu sois coupable que je sois coupable...

Le dialogue s'acheva dans le rire et la tendresse: malgré l'intensité des enchaînements réactionnels, chacun était parvenu à entendre l'autre et à se dire. Sans changer de position pour protéger l'autre, et sans renoncer à sa propre expression.

En arriver à ce type d'échange et rester entier dans la relation, cela suppose la cohabitation de deux désirs très forts: rester ensemble et rester soi-même.

L'amour durable ne supporte pas la fusion, sinon à dose homéopathique, mais il s'enrichit de la dualité.

Difficiles à dire, les sentiments préfèrent parfois s'écrire: petits billets ou grandes lettres, expression effusive et débridée ou voilée sous l'humour, poèmes timides ou flamboyants.

Les sentiments s'écrivent pour être plus libres de se dire à leur rythme, en l'absence du regard de l'autre. Mais ils prennent alors le risque de ne pas savoir comment ils vont être reçus. Ils ne se voient pas cheminer sur le visage de l'autre, s'inscrire dans le papillotement d'un regard, dans le tressaillement d'une bouche, dans l'émotion d'une respiration soudain plus ténue... L'autre, souvent pudique, ne fera pas allusion aux mots écrits ou parfois avec tant de retard que la rencontre sera... passée. Cette absence de réponse ouvrira les portes de l'imaginaire de l'auteur de la missive, en alimentant son dialogue intérieur: «Il a peut-être trouvé ma lettre ridicule, elle n'a sans doute pas compris ce que je tentais de lui dire...»

Les lettres d'amour s'écrivent essentiellement dans des situations d'absence, de séparation, de perte. Les sentiments se formulent alors et se poétisent sur un mode quasi automatique. Dans le manque des mots sublimes, des expressions voluptueuses, charnelles, déchirantes de beauté, arrivent à nos lèvres muettes et s'inscrivent sur le papier. Pour laisser justement la trace de l'indicible, pour témoigner quand même de l'incroyable remue-ménage de l'amour. Nous voudrions dire le travail de l'amour qui est à l'œuvre chez l'aimant et parfois chez l'aimé.

L'écriture s'accomplit dans le sentiment d'une urgence, dans l'éclat d'une violence et d'une tendresse mêlées. Les mots se font chair, ils se font élans pour retrouver l'absent, pour se rapprocher de lui, pour l'étreindre, le saisir, l'enve-lopper, le garder encore un peu.

Les lettres d'amour sont des textes merveilleux que nous devrions laisser à nos petits-enfants.

Évolution des sentiments

Comme tout ce qui est vivant, les sentiments se transfor-ment: ils naissent, vivent, changent de couleur et de tonalité, ils mutent et parfois s'éteignent. Ils ne disparaissent jamais sans laisser de traces dans le corps et la conscience de la personne qu'ils ont animée.

Il faudrait dire les mouvances de l'amour, ses sautes d'intensité, les variations de sa vitalité, ses métamorphoses qualitatives.

«Je ne t'aime pas aujourd'hui comme je t'ai-mais il y a dix ans. Mon amour pour toi s'est affer-mi, tonifié, élargi, il a pris de la profondeur, ou au contraire, il s'est atténué, adouci, dilué, il est plus proche de l'affection que de la passion, il est deve-nu tendresse.»

Il est parfois nécessaire de dire l'amour qui n'est pas là, ou qui n'est plus là. Non pas la phase redoutée, vécue comme un rejet ou un anéantissement: «Je ne t'aime pas, ou je ne t'aime plus.» Mots qui signifient: «Je n'ai pas de sympathie pour toi, ou j'ai de l'aversion.» Mais plus précisément: «Je n'ai pas de sentiment amoureux à ton égard.»

Certains sentiments s'autoconsument. Leur vitalité les fait flamber comme feu de paille: ils éclairent pendant un temps, rendent lumineux, mais ne se déposent pas ou n'ont pas le temps de s'inscrire dans les sillons secrets d'un être; ils ne contribueront pas à sa transformation ou à sa mutation.

Il est aussi des relations éphémères qui sont de véritables tremplins pour nous ouvrir à des perceptions nouvelles et nous mettre en mouvement vers l'ailleurs. Elles nous ont permis de grandir, de nous découvrir, de faire germer des potentialités qui s'épanouiront auprès d'un ou d'une autre. Les amours d'un temps sont porteuses d'initiation, de développements ou de croissance qui vont justement concourir à leur... fin.

Les amours passagères sont les pistes d'envol de la vie affective et amoureuse de nombreux hommes et de beaucoup de femmes. Après avoir rempli leur fonction, celle de lancer dans la vie un être, elles se multiplient parfois en nostalgie, ou se réinvestissent vers de nouvelles naissances.

Je ne te demande pas

*Je ne te demande pas
plus d'amour pour moi,
je te demande plus
de tendresse pour toi.*

*Je ne te demande pas
plus de possibles pour
moi,
je te demande plus
de liberté pour toi.*

*Je ne te demande pas
plus de présence pour
moi,
je te demande plus
d'intérêt avec toi.*

*Je ne te demande pas
plus de soins pour moi,
je te demande plus
de partage ensemble.*

*Je ne te demande pas
plus de désirs pour moi,
je te demande plus
de désirs en toi.*

*Je ne te demande pas
plus de vie pour moi,
je te demande plus
de plaisirs en toi.*

*Je ne te demande pas
de tout me donner,
je te demande d'oser
le meilleur de toi.
Je ne te demande pas
de ne pas me demander,
je te demande d'inventer
des demandes.*

Témoignages

J'ai découvert un soir que je ne souffrais plus d'elle.

Un signe qui ne trompe pas, c'est qu'il n'y a pas d'intensité au moment des séparations. Je ne sais pas si c'est un chemin fréquent, mais l'homme tendre et complice avait soudainement remplacé l'amoureux douloureux et inquiet.

En quelques jours elle s'est détendue aussi, s'est rapprochée. Plus tard, beaucoup plus tard, elle a pu me dire: «Ton amour les premières années était comme une menace. Tout pouvait surgir de tes sentiments, je n'étais jamais tranquille. Je tenais à toi, mais dans la crainte.»

Personne ne m'avait jamais appris que l'amour passionné proposé pouvait être une menace pour l'autre.

Nous sommes ensemble depuis vingt-deux ans et je me sens bien de l'aimer ainsi moins passionnément et plus ouvertement...

***

Je n'avais jamais été aimée ainsi, je veux dire avec cette non-possessivité, cette qualité de la relation qui me donnait le sentiment que je pouvais être vraiment moi-même. Je ne sais pas si je peux combiner ces deux mots, mais je me sentais aimée dans la liberté. Sa façon d'être m'indiquait que je n'avais pas à essayer de lui faire plaisir si cela ne correspondait pas à ce que je ressentais. Et je le sentais agir avec moi en plein accord avec lui-même. C'était nouveau tout cela, c'était insécurisant. Le paradoxe, c'est que rencontrant peut-être pour la première fois quelqu'un qui ne cherchait pas à m'attacher, j'ai voulu fuir.

Comme si là justement résidait le danger. C'est moi qui risquais de m'attacher trop fort, d'aimer cet homme, mais surtout la relation qu'il m'offrait.

J'ai voulu partir à l'étranger, mettre l'océan entre lui et moi. Parce que tout cela était fou, et que je risquais de ne pas survivre dans cette relation. Aujourd'hui, je me sens tout à la fois sa sœur, son amante, sa mère, sa fille, quelquefois sa femme.

***

Quand nos libertés se rencontrent, je peux l'aimer sans l'envahir et je peux me sentir aimé sans me protéger ou me restreindre.

Je suis sur ce chemin et tant de choses changent de sens, tant d'expériences et de lectures en parlent soudain autrement. On ne devrait pas dire l'amour mais les amours tant elles peuvent être différentes, dissemblables d'une séquence de vie à une autre.

***

Je n'arrivais pas à lui dire combien j'étais bien avec lui, combien je me sentais comblée dans l'amour. Je n'osais lui témoigner son importance de peur que cela lui donne encore plus de pouvoir sur moi et qu'il en abuse pour me dominer. Cette peur d'être dépendante, asservie à mes sentiments m'a fait refuser de vivre avec lui. Je ne savais pas que lui se contentait d'être heureux de mon bonheur.

Tout se passait comme si je lui en voulais d'être bien avec moi, moi qui avait tant de mal à oser me sentir bien avec lui.

***

J'ai appris à l'aimer simplement pour elle, pour tout ce qu'elle touche en moi. Elle m'ouvre et toute la vie s'engouffre, me remplit. Je ne résiste à rien, je prends soin au contraire de ce sentiment nouveau. Les premiers hommes veillaient à entretenir le feu qu'ils avaient découvert et moi j'apprends à protéger, à préserver, à entretenir ce sentiment nouveau de me sentir aimant.

***

C'est incroyable, il m'aura fallu cinq ans de relation chaotique avec lui pour apprendre à ne plus avoir peur de l'aimer.

Cinq ans pour oser le quitter le matin sans la peur de ne pas le retrouver.

Cinq ans pour accepter de découvrir qu'il pouvait me garder en lui même si je n'étais pas là... Oui, j'étais attachée et je voulais surtout l'attacher, le lier, avoir une garantie contre l'abandon possible. Quel gâchis de temps, quel gaspillage de moments fous et bons où nous aurions pu être simplement bien ensemble!

***

Je l'ai aimé, jusqu'à ce qu'il m'aime. Et quand j'ai eu cette certitude, mon amour pour lui a disparu, comme consumé.

***

J'ai cru longtemps que la fin d'un amour était plus tragique que la mort, semblable à un camp de concentration où gisent des vivants qui ne peuvent décider ni de leur survie ni d'un passage vers un au-delà.

***

Nous devrions apprendre cela très tôt à nos enfants: chaque amour est unique et bidirectionnel (tourné vers l'autre et tourné vers soi). Chaque amour a sa vie propre: il vit, se développe, s'amplifie ou se détériore à travers le jeu complexe des rencontres, des échanges, des partages et des frustrations.

Nous savons que le propre du vivant est d'évoluer vers plus de vie, puis vers moins de vie, à travers un cycle donné. Nos amours aussi obéissent aux lois du vivant.

***

J'ai besoin de protéger mes sentiments; aujourd'hui, ils sont malmenés par la relation qu'il m'offre. Je l'aime avec enthousiasme (enthéos = Dieu à l'intérieur), avec des élans fous qui se heurtent à des refus, à des impossibilités ou à des plans trop figés chez lui. Comme ancienne handicapée de la dévalorisation, c'est vrai que j'ai besoin de signes, de preuves que j'associe à une disponibilité, à une ouverture, à une présence.

Malgré tous mes courages, il m'arrive d'avoir besoin de bienveillance vraie. Je vis dans un monde immense de sensibilité, de sens qui s'enchevêtrent pour tisser ma vie profonde.

Et je ne peux pas en parler avec lui, son monde cohabite avec le mien sans s'interpénétrer, sans qu'ils se nourrissent ou se vivifient l'un l'autre. Quand je le rencontre, je passe dans son univers, sans jamais avoir pu l'accueillir dans le mien.

Pour l'instant je ne peux pas faire mieux que de m'éloigner de ce qui n'est plus chaleureux pour moi. Je vais laisser la vague passer, je sais l'espace bleu entre les nuages.

**

Certaines amours meurent si lentement qu'on les entend guérir des années durant, et d'autres meurent avec une brutalité inouïe. Elles disparaissent en ne laissant qu'un étonnement, ou seulement un chagrin supportable, un chagrin tiède sans souffrance. La passion était si usée qu'il n'en restait que l'apparence ancienne.

Je ne me vois pas vieillir, je n'avais pas entendu mon amour vieillir sans douleur. Moi qui avais tant souffert au moment de ma passion la plus vive, j'ai pu dire un jour à cette femme: «C'est fini, je ne t'aime plus douloureusement.» Cette phrase l'a blessée alors qu'elle aurait dû la ravir.

**

Ensorcelée doit vouloir dire qui ne voit pas le réel ou qui voit la réalité avec les yeux du désir de l'autre. Durant cinq ans, j'ai été ensorcelée. Je me suis vue, j'ai senti, j'ai désiré, j'ai vécu dans les désirs de cet homme, mon amant.

Dépossédée de moi-même. Alors quand je lisais: «Oser se positionner, être responsable de son bout de la relation, se définir, se respecter...» cela n'avait pas de sens pour moi. Je ne revendiquais que d'être tout pour lui, rien que cela. Je n'avais d'existence que dans la non-existence de mes propres désirs; seules ses demandes me donnaient vie.

Quand il a porté ses demandes ailleurs, je me suis reconnue néant. Rien, une enveloppe de peau, un album vide. Le plus terrible, c'est que je n'avais même pas de souvenirs. Rien de palpable, tout était évaporé. Un souvenir de mon enfance est remonté, une méduse jetée par mon frère sur une planche, au matin d'un jour de vacances et le soir, une trace évaporée.

J'ai mis cinq ans à me reconstruire. Cinq ans d'enfer pour naître à nouveau. Et parfois, j'ai encore la nostalgie fugace d'être enchantée, ensorcelée.

***

Quand nous étions tous les trois dans la chambre, elle, mon mari et moi, il y avait de la tendresse jusqu'au plafond.

À trente-six ans, j'étais mariée depuis quinze ans, heureuse, comblée. Pour lui, je ne sais pas. C'était un homme silencieux qui ne m'a révélé sa sensibilité qu'après ma rencontre avec Marie.

J'ai rencontré Marie le jour même de mon anniversaire. Une amie d'une amie, de passage, esseulée, ai-je entendu plus tard. Le mot coup de foudre n'avait jamais frappé à ma porte. Il était resté coincé dans les pages de quelques volumes de la collection «Harlequin» que je lisais uniquement en période de grossesse. Sitôt enceinte, trois fois de suite, je lisais des «Harlequin» aux titres indifférenciés.

Le coup de foudre fut là, le jour de mes trente-six ans, sans précaution, sans doutes et sans angoisses.

Marie me regarda et moi, je la vis. C'est tout. Un seul regard, et au lieu de dire je n'étais plus la même, je peux dire, je fus moi. Nos lettres se croisèrent, écrites quasi en même temps à trois cents kilomètres de distance. Elles énonçaient l'essentiel: «Je t'aime, je viens, viens plus vite encore.» Cela semble fou, surréaliste. Trois jours plus tard, Marie était là. Un soir, elle sonna, j'ouvris, mes bras furent plus rapides que les siens. Elle m'embrassa à pleine bouche avec une fraîcheur tellement inattendue. Je laissai un mot à Gilles: «Je suis avec Marie. Je serai là demain, nous avons à parler.»

Quand je revins le lendemain et que je lui annonçai non pas mon intention, mais ma décision de vivre avec Marie «pour toujours», je voulais dire en fait «dès maintenant, le plus vite possible». Il resta silencieux, me regarda, soupira, murmura: «Laisse-moi un peu de temps pour entendre la tempête qu'il y a en moi.» Le reste de la semaine se passa sans aucun changement notable. Nous mangions en silence, gérions l'institution conjugale avec le minimum de mots, le maximum d'efficience. Nous dormions enlacés et sages, écoutant chacun nos propres tempêtes internes.

Trois mois plus tard, Marie s'installait à la maison. J'occupais avec elle le grenier aménagé en territoire indépendant. Gilles gardait la chambre, autrefois conjugale. J'avais beaucoup parlé, comme jamais avec lui, avec les enfants. Ce qui revenait sans arrêt: «Il s'agit d'amour, je suis aimante.» Ma fille, en pinçant les lèvres ajoutait chaque fois: «Aimantée, oui.» Et cela nous faisait rire tous ensemble.

Bien des années plus tard, mon fils m'a dit: «Chapeau, maman, j'avais entendu dire que l'amour déplaçait des montagnes, mais le tien a été capable de déplacer un univers, sans le détruire...»

Nous vécûmes ainsi à deux, à six durant deux ans, puis à trois et toujours à six pendant huit ans. Car Marie et Gilles s'accordèrent aussi. Puis à l'approche de ses propres trente-six ans, Marie désira un enfant, mais mystère des mystères, pas avec Gilles. Elle nous quitta, lui et moi, pour vivre un «autre espace de vie» comme elle le nomma.

Il y a maintenant dix ans de cela. Mon amour pour elle est toujours plein, celui de Gilles aussi, je crois. Les enfants sont partis, Gilles et moi nous restons fidèles, lui à ce que je suis devenue, moi à tout ce qu'il est. Je sais que je ne le quitterai jamais.

Certains jours, j'attends Marie; d'autres, j'imagine qu'elle m'attend. Tout cela reste bon à vivre.

***

Nous étions un couple uni, moi peut-être plus distrait qu'elle sur les anniversaires. Elle m'aimait sans que je le sente réellement, je l'aimais sans que je le sache vraiment. Nous étions sans enfants et heureux de l'être. Quand elle m'annonça sa grossesse, un ange passa. J'ai mis trois semaines pour dire: «Je suis d'accord.» Ce qui voulait dire: «Gardons-le, si tu veux.» Elle le garda.

Au sixième mois, il était si présent entre nous, cet enfant à venir, que je me demandais: «Que serions-nous devenus sans lui?» L'accouchement se passa bien. La première chose que je fis quand je l'eus dans mes bras, ce fut de le respirer à petites bouffées. Il sentait le sucre mouillé, c'était un garçon.

Il est mort subitement à trois semaines, le même temps que j'avais mis pour le reconnaître. Je sais aujourd'hui qu'il est venu, qu'il est passé, juste pour me mettre au monde. C'est lui qui m'a fait découvrir tout l'amour que j'avais pour Monique, ma femme.

***

VI

Les péripéties de la relation

Une des balises les plus importantes dans la vie de couple consiste à ne pas confondre sentiments et relation puisque ce sont deux registres différents.

La vie nous oblige à sortir du mythe qu'il suffit de s'aimer pour bien vivre ensemble. Car les sentiments doivent s'actualiser dans des relations qui, elles, obéissent à des lois et à des enjeux peu connus. Il est toutefois possible de les connaître, en partie du moins, grâce à beaucoup de vigilance et d'efforts.

Tous les amoureux savent cela mais peu y croient avant d'avoir fait à leur tour le parcours du combattant.

Toute relation entre deux personnes est un système résultant de leurs comportements, de leurs modes de communication, de la combinaison d'enjeux personnels conscients et inconscients, circonstanciels ou anciens.

Chacun a connu le décalage douloureux qui peut s'installer entre des sentiments chaleureux et aimants, et une relation qui se détériore ou s'étiole.

«J'ai de l'amour pour cet homme, mais vraiment, je ne peux plus vivre avec lui au quotidien!»

«J'adore cette femme, mais la relation avec elle est infernale.»

Dans une tentative de dialogue portant sur la relation, c'est une véritable escroquerie affective et intellectuelle, un piège, une fuite, que d'avoir recours aux sentiments. C'est un changement de niveau pervers qui mène à la confusion.

> — Lorsque nous étions chez tes parents, hier, tu ne m'as adressé ni un regard, ni un mot de toute la soirée, malgré mes interventions dans la conversation. Je me suis senti inexistant, que se passait-il?
> — Mais mon chéri, tu es très important pour moi, tu le sais bien.
> — Là n'est pas la question. Je me suis senti mal hier au soir et je tente de t'en parler, je tente aussi de te demander quels étaient les enjeux pour toi.
> — Je ne veux pas que tu aies de la peine, je t'aime, moi.

Le recours à la notion d'intention est tout aussi stérile et déplacé, il rejoint les «mais je n'ai pas fait exprès» enfantins.

> — Cette nuit quand tu m'as montré ton désir de faire l'amour alors que nous ne nous étions pratiquement pas parlé depuis une semaine, je ne pouvais pas accepter, je me suis sentie utilisée.
> — Mais je n'avais que de bonnes intentions, je pensais te faire plaisir...
> — Je ne te prête pas de mauvaises intentions, je te dis comment j'ai vécu ce geste.

Cette collusion entre amour et modalités relationnelles peut générer d'incroyables souffrances, et mener chacun à une énorme incompréhension de ce qu'il vit. Tout se passe comme si le lien se déformait, s'abîmait, devenait malade indépendamment des sentiments de l'un et de l'autre.

La relation peut être vue comme un organisme vivant qui ne peut se nourrir de sentiments que s'ils sont mis en actes, en paroles, en signes vitalisants ou destructeurs. Cet organisme peut rester sain et se développer ou péricliter et s'empoisonner, ou mourir d'inanition. Il peut aussi devenir obèse, et dévorer ceux qui l'alimentent: «Cette relation m'importe tellement qu'elle m'envahit, elle me prend la tête, elle m'empêche d'exister.»

De quels ingrédients chacun de son côté nourrit-il la relation? De gratifications, de reproches, de silences, de découvertes, d'amertumes, de propositions?

Tout le monde souhaite entretenir de «bonnes» relations, mais beaucoup méconnaissent les moyens à mettre en œuvre. Chacun avance de bonne foi, muni de ses bons sentiments et de ses bonnes intentions, ignorant ou négligeant les lois élémentaires de la communication et les bases indispensables à toute relation[1].

Beaucoup de blocages et de malentendus se focalisent dans le domaine vulnérable de la communication sexuelle.

Sans revenir sur de multiples enjeux évoqués dans nos ouvrages précédents, nous aborderons deux dimensions essentielles des relations amoureuses dans la durée:

- les besoins de reconnaissance mutuelle;
- les systèmes relationnels.

Reconnaissance mutuelle et reconnaissance de la relation

C'est la demande fondamentale dans la communication sexuelle: une reconnaissance de l'autre en tant qu'individu unique, non interchangeable, et en tant qu'homme ou femme. Ce que chacun attend, ce sont des signaux multiples qui montrent comment il existe pour l'autre.

La relation a besoin, pour rester vivante, d'une part de signes concrets — gestes, sourires, actes, mots — et d'autre part de faire elle-même l'objet d'une parole. Elle a surtout besoin d'expression personnalisée et subjective la concernant. Les généralisations et les idées, aussi passionnantes, indispensables et vitalisantes soient-elles, ne suffisent pas à nourrir la relation affective.

---

1. Nous avons développé ces thèmes dans *Si je m'écoutais je m'entendrais*, Éditions de l'Homme, 1990. Les principes de base d'une «grammaire relationnelle» sont également énoncés par Jacques Salomé dans *T'es toi quand tu parles*, Éditions Albin Michel, 1991.

L'espoir de l'amour, c'est d'être intimement connu pour soi-même et aimé tel quel, mais il apparaît nécessaire que cette reconnaissance de l'autre et de la relation se manifeste, au moins de temps à autre, par des paroles.

«Je suis tombé des nues, le jour où ma femme m'a dit que nous ne nous parlions pas. Moi, j'adore lui raconter mes voyages, mes réflexions, mes rencontres, et elle me parle de son travail, de ses lectures, de ses relations. Il m'a fallu longtemps pour comprendre ce qui manquait: je ne disais jamais rien de ce que je ressentais d'elle et par rapport à elle, et elle non plus, ne disait rien de ce qu'elle vivait dans la relation avec moi. Il me semble que cela va de soi, nous nous entendons bien, il n'y a rien à dire.»

La reconnaissance mutuelle concerne ce que chacun vit dans la relation avec l'autre, mais aussi en dehors de lui.

Je me sens reconnu quand l'autre manifeste par son écoute et par sa parole que ce que je sens, vis et pense a un sens pour moi-même, quand il prend en compte mon vécu sans le nier ou le juger. Il m'est vital aussi que mon partenaire, mon témoin privilégié, soit touché par ce que j'exprime, que mes sentiments aient un impact dans son cœur et son esprit. Mais surtout sans qu'il soit menacé, détruit ou envahi!

Cet équilibre entre l'écoute et la parole est infiniment délicat: si l'autre minimise les impressions que j'exprime («Ne prends pas cela tellement à cœur, ce n'est pas si important»), je ne me sens pas reconnu. S'il se sent coupable, s'identifie trop ou s'approprie mes sentiments («C'est tout de ma faute» ou «Ça me déprime que tu vives ça comme ça»), je me sens dépossédé. S'il m'entend sans en paraître le moins du monde affecté, sans se réjouir ou compatir un peu…, je me sens sans importance pour lui.

La juste distance de l'écoute est une donnée fondamentale pour maintenir un dialogue personnel en vie.

La non-reconnaissance blesse la relation, elle ressemble à de l'indifférence: mon enthousiasme qui n'a rencontré aucun écho, mes soucis balayés d'un «tu ne vas pas en faire une maladie», ma question restée sans réponse... Et ces chaussettes qu'une fois de plus il a laissé traîner par terre et le tube de dentifrice qu'elle ne rebouche jamais, et cette étagère pas fixée depuis trois mois, et les retards, les oublis, les promesses non tenues, autant de signaux de non considération, d'irrespect du vécu de l'autre. Cet autre que j'aime et qui m'aime.

La communication sexuelle ne commence pas en se mettant au lit, mais déjà dans la façon de poser son regard sur l'autre, dans la manière de le quitter le matin et de le rencontrer le soir au retour, ces deux moments clefs que sont la séparation et les retrouvailles.

Si nous prenons, par exemple, le déroulement d'une journée, chacun dans un couple peut s'interroger sur la façon dont il entre en relation avec lui-même et avec son partenaire privilégié. Comment se font le réveil et la prise de contact avec l'autre? Si nous «entendions» nos premiers mots, le ton, la musique du bonjour, les premières demandes ou les premiers échanges nous serions très étonnés de constater leur contenu ou leur sens plus ou moins agressif, revendicateur, dévalorisant ou plus simplement plaintif et dévitalisant.

Dans cette double rencontre avec le monde — celui du jour qui commence et celui de l'autre proche — nos premiers gestes, nos premiers regards sont essentiels pour la communication à venir. Ces regards suggèrent-ils une demande, une prise de possession, une invitation, une ouverture ou une reconnaissance de notre partenaire? Dans ces premiers échanges se jouent parfois tout le climat des rencontres de la journée, toutes les promesses ou les refus ultérieurs qui se vivront plus tard... le soir par exemple.

Chaque jour est une sorte de renaissance, où le corps et l'esprit se restructurent. Respecter cet éveil... en laissant l'autre émerger au monde, sans le «saisir» tout de suite, sans s'emparer de sa vie par un mot, par un geste. Au matin, pour accueillir la vie qui s'éveille, nous devons faire preuve d'attentions particulières. S'approcher pour se reconnaître. Prendre le temps de se regarder, de se laisser regarder, de se toucher, de s'abandonner quelques instants. Oui, quelques instants suffisent parfois pour se donner un bonjour «frais», pas le bonjour en conserve habituellement utilisé: «Tu as bien dormi?» Pour l'apprivoisement nécessaire de chaque aurore à réinventer.

Plus tard, vient la séparation pour des activités lointaines ou proches, et une communication particulière: s'éloigner en laissant quelque chose de soi, ou en «gardant» quelque chose de l'autre. La rencontre sera à recréer, à revivre au retour, en fin de journée ou au moment des retrouvailles. Il s'agit alors de rétrécir la distance accumulée dans la journée, de retrouver un vécu commun au-delà des vécus différents de chacun... et d'inventer la rencontre.

Comment est-ce que j'accueille l'autre, par quels mots, avec quelle intention, quelle préoccupation? Vais-je le polluer tout de suite avec mes soucis, mes frustrations ou mon ressentiment? Il y a un phénomène de vases communicants entre le monde du travail et celui de la famille. Tensions, frustrations, malaises dans le milieu professionnel, se traduisent souvent par des exigences, des contraintes, des intolérances envers les enfants ou le partenaire. Il est surprenant de constater combien nous transformons l'autre en «poubelle», en déversant sur lui nos insatisfactions ou nos attentes sous forme de plainte, de revendications ou de reproches. Il est souvent difficile de gérer ces moments du retour, comme si deux univers entraient en contact avec des vitesses différentes, et des orbites pas toujours prévisibles.

Les sentiments s'inscrivent dans la relation par toutes sortes de signes infimes. Se préparer à l'amour, c'est se charger d'élans et de rêves pour les offrir, les partager et les agrandir avec l'autre. C'est inviter l'autre à se dire ou à témoigner d'un vécu, à partager une découverte.

Une jeune fille de treize ans, qui avait passé quelques semaines chez ses oncle et tante, racontait à son retour ce que lui avait révélé sa cousine de douze ans: «Élodie m'a dit qu'au repas du soir, elle savait si ses parents allaient faire l'amour ou pas... et qu'elle ne s'était jamais trompée! Je lui ai demandé: "Mais comment tu sais ça?" Elle m'a dit: "Oh, les cloisons sont minces!"»

Ainsi cette enfant de douze ans, uniquement en captant les signaux émis, savait ce qui pouvait ou ne pouvait pas se passer.

Tous les signaux de reconnaissance ou de non-reconnaissance manifestés au fil des jours sont présents dans la rencontre sexuelle, avec des seuils de tolérance très variables selon les personnes et selon les phases de la relation.

Pour certains, un petit signe de temps à autre suffit à satisfaire leur demande de reconnaissance; d'autres ont besoin que leur sentiment d'exister soit alimenté sans relâche, comme si leur vécu devait être authentifié par leur partenaire pour devenir vraiment signifiant pour eux.

Les scènes de ménage et les grandes plaintes de la femme au foyer ou du travailleur surmené sont des demandes de reconnaissance: «Mon labeur, mon mérite, ma peine ne sont pas reconnus à leur juste valeur.»

C'est la souffrance qui provoque la demande de reconnaissance la plus exigeante. La douleur psychique a un besoin impérieux d'être entendue (même celle des personnes qui ont tout pour être heureuses). Si la souffrance intérieure n'est pas suffisamment reconnue, elle se manifestera par toutes sortes de maladies ou d'accidents qui, eux, ne passeront pas inaperçus. Mais cette somatisation ne nous amènera pas forcément à entendre la souffrance morale de celui ou de celle qui partage notre vie, souffrance dont nous n'avons le plus souvent aucune idée.

Alertons-nous lorsque souvent reviennent les mots: «Tu ne te rends pas compte...» Mais rien n'est plus difficile dans un couple, répétons-le, que d'entendre la souffrance de l'autre quand cette souffrance concerne la vie de couple.

— Comment voulez-vous que j'écoute ma femme parler de son sentiment de solitude, alors que c'est moi qui suis désigné comme la source de sa souffrance?

— Mais c'est justement par lui que j'ai besoin d'être entendue, puisque c'est à cause de lui que je suis malheureuse.

Dilemme sans issue, tant qu'ils n'accepteront pas de se pencher ensemble au chevet de leur relation malade, mourante, distordue ou simplement endormie.

Parfois, seul un des deux partenaires ressent les symptômes de la relation mal en point, et il lui sera alors difficile d'obtenir la collaboration de l'autre pour en parler. «Mais tout va bien, qu'est-ce que tu as?» répondra ce dernier.

Prendre soin d'une relation, cela demande de la vigilance, et beaucoup d'attention portée à soi-même et à l'autre. Le même geste, si bien reçu dans un certain contexte, fait problème dans une autre situation.

Il n'y a pas de recettes, pas de schémas préétablis, mais tout à inventer et à redécouvrir chaque jour. Et quelques balises qui permettent de s'orienter un peu, en repérant la dynamique des systèmes relationnels dans lesquels nos amours tentent de s'inscrire.

Systèmes relationnels

Toute relation d'amour engagée génère un système circulaire: les réactions de l'un provoquent chez l'autre des positions qui, à leur tour, influencent les attitudes du premier, lesquelles renforcent le rôle du second, dont les comportements en retour...

C'est circulaire: personne n'a commencé, bien que, généralement, chacun voie l'origine des interactions chez l'autre et soit aveugle à la façon dont lui-même crée et entretient le système.

«Elle est de nature plutôt passive, ce qui fait que j'ai pris un peu tout en main» dira cet homme, alors que sa femme explique de son côté: «Il est plein d'idées et il aime mener la barque, ce qui fait que je trouve peu de place pour des initiatives de ma part.»

Le corollaire est généralement: «Si tu n'étais pas comme ceci, je ne serais pas comme cela.» Ce qui est à la fois juste et faux. De toute façon, il est inutile d'analyser une telle affirmation si l'on ne veut pas tourner en rond.

Il n'y a pas de relation sans système établi, sans contrats explicites et implicites qui déterminent un style et une organisation spécifiques. Le couple a une «personnalité» différente de la personnalité de chacun des partenaires.

Les systèmes installés servent à maintenir la stabilité relationnelle, et s'ils ne se rigidifient pas, ils restent ouverts aux changements et à l'évolution. Mais il arrive qu'ils se mettent à fonctionner de façon contraignante, puissante et qu'il soit difficile d'en comprendre les rouages, si bien que les deux partenaires se sentent pris dans un engrenage qui les dépasse. Comme si la relation avait pris le pouvoir! Dans ce type de rapport, chacun se sent impuissant à modifier un fonctionnement auquel il collabore.

Les schémas relationnels, conventions établies de façon tacite et peu consciente, se forment dès les premières rencontres. Qui a l'initiative? L'attirance est-elle fondée surtout sur les différences (complémentarité) ou sur les ressemblances (symétrie)? Qui est meneur, qui est le plus demandeur, qui fait attendre l'autre?

Mille signaux essentiellement non verbaux, mimiques, attitudes et gestes s'ajoutent aux paroles pour définir les modalités relationnelles dès le départ.

Malgré la complexité des enjeux, nous pouvons dégager trois axes principaux autour desquels se structure la relation. Ces questions centrales, toujours imbriquées les unes aux autres, concernent:

- la distance (proximité et indépendance),
- les échanges (apports et attentes),
- le pouvoir (domination et soumission).

Lorsqu'une relation devient souffrante, il peut être utile de repérer lequel de ces trois axes semble déséquilibré.

La distance

En ce qui concerne la distance entre les partenaires, les questions vitales seront: dans quelle mesure puis-je rester moi-même dans la relation avec celui ou celle que j'aime? Comment concilier ma liberté d'être comme je suis, de faire comme je veux et mon engagement à tenir compte de l'autre, à prendre soin de la relation? Comment ne pas m'aliéner en entrant dans les désirs de l'autre quand ils ne correspondent pas aux miens?

En chacun se trouvent des besoins de proximité et des besoins d'indépendance:

> «J'ai besoin d'intimité partagée, j'ai le désir d'appartenir à un "nous" qui ait un sens et une identité. Tout se dire, faire beaucoup de choses ensemble, partager les mêmes valeurs, les mêmes goûts, exister par l'autre, se fusionner.»

La peur de l'abandon, du conflit, de la solitude, de la séparation, est associée à ce besoin de relation proche.

> «J'ai besoin de distance, de sentir les limites bien distinctes de mon "je". Le sentiment de ma valeur ne dépend pas du regard de l'autre. Je me définis moi-même, j'ai mes territoires réservés, je protège mon autonomie. Je n'ai pas de comptes à rendre.»

La peur de perdre son identité, d'être envahi, la peur de la fusion sont liées à cette nécessité de différenciation, à ce besoin d'espace propre.

Dans un système de couple, ces besoins opposés s'inscrivent souvent dans des positions complémentaires: l'un s'identifie davantage au besoin de distance et de limites, l'autre manifeste les désirs de rapprochement.

Ainsi, chacun délègue à son partenaire l'expression du pôle opposé. L'un se fera l'avocat de l'intimité proche, il demandera «plus de temps ensemble», «plus de partage» et l'autre plaidera pour la différenciation, refusera les dialogues trop intimes, brandira ses besoins d'indépendance et de quant-à-soi.

Cette polarisation établit un équilibre qui, avec le temps, peut se révéler précaire et déboucher sur une crise selon deux modalités principales:

• lorsque le plus dépendant, le plus demandeur d'intimité se met à manifester ses besoins d'autonomie, la crise peut prendre la forme d'un retournement des positions;

• il peut se produire une exacerbation des positions complémentaires; les demandes affectives de l'un deviennent alors insupportables à celui qui lutte pour sa liberté. Ce dernier intensifiera son retrait qui atteindra le seuil de tolérance de son partenaire.

Dans l'asymétrie complémentaire peut s'installer un circuit amplificateur: l'éloignement de l'un attise la passion de l'autre, et cette passion amène une distanciation encore plus grande du premier.

Beaucoup de couples constatent aussi avec tristesse un éloignement progressif et réciproque.

Les échanges

Pour ce qui a trait aux échanges, les questions essentielles seront: quels sont mes apports, et quelles sont mes attentes dans la relation? Comment se concilient mes demandes (de recevoir de l'attention, des soins, des stimulations) et celles de l'autre? Et nos besoins de donner, de rendre service, d'aider, de nourrir, comment sont-ils reçus?

Dans ce registre aussi, désirs et peurs se combattent en chacun, se répartissent de façon asymétrique entre les partenaires, ou s'équilibrent dans une alternance des positions.

Dans une relation très complémentaire, l'un des deux, homme ou femme, peut prendre un rôle quasi maternel envers l'autre... Il offre sa sollicitude et son écoute, il se préoccupe du bien-être de son partenaire, l'aide dans ses réalisations, le

gratifie et l'entoure. Il est attentif à lui apporter aussi des satisfactions sexuelles. Il lui est beaucoup plus naturel de donner
que de recevoir et demander. Il trouvera son complément en
un conjoint qui recherche un inconditionnel amour maternel,
un refuge contre la peur, et la dévotion d'un servant dont il
peut tout exiger, de préférence sans avoir à le demander.

Ainsi dans certains couples, l'un se contente de donner
et l'autre de recevoir. Pendant une phase, une phase seulement, chacun peut y trouver son compte.

Le besoin de recevoir, d'être pris en charge sur certains
plans, peut aussi s'installer sur un mode de rivalité. Les demandes simultanées sont alors source de frustrations multiples.

«Quand je lui ai dit que j'étais fatigué, elle m'a
répondu: "Moi aussi." Ce n'est pas ce que j'attendais!»

Dans la dynamique du donner-recevoir, l'argent tient
une place importante, le plus souvent occultée ou niée.
Quand on aime, on ne compte pas... dit-on. En fait, cette
attitude n'est qu'un bon prétexte pour ne pas aborder un domaine qui fait peur, où chacun craint de se révéler mesquin,
ou avide, ou insécurisé.

Ce père de famille gagne un salaire moyen, qu'il voit absorbé complètement par les besoins de la vie quotidienne de
quatre personnes, dont lui-même bien sûr. Il avait le sentiment d'être le seul pourvoyeur d'une institution familiale.
Jusqu'au jour où il réalisa que, pour les soins du ménage et
des enfants, sa femme travaillait autant d'heures que lui. Cela
«valait» donc autant. Il conclut que l'entretien de sa famille
coûtait deux fois son salaire annuel, et que lui et sa femme y
contribuaient chacun pour moitié.

Ce changement de regard dénoua bien des tensions non
dites.

Les luttes de pouvoir

Désir et peur de la dépendance, dominer ou se soumettre sont les deux pôles du conflit intérieur de chacun.

Entre besoin d'approbation et besoin d'affirmation, voire d'opposition, peut s'installer une lutte intime intraperson-nelle.

Ces tensions intérieures s'extériorisent souvent dans la relation amoureuse qui, par son intensité, réactive les terribles enjeux de nos premières années: vais-je obéir aux injonctions, me soumettre, faire plaisir à mes très puissants parents, entrer dans leurs désirs en niant les miens si nécessaire? Ou vais-je oser dire non, faire à ma façon, m'imposer avec force, au risque de ne plus me sentir aimé?

Entre adultes, les questions implicites dans la dynamique relationnelle seront: Qui a de l'influence sur l'autre, et dans quels domaines? Qui a le plus de pouvoir affectif sur l'autre? Qui définit le mode de la relation, qui mène le jeu?

Certains dominants ont de grands besoins de contrôler l'autre, et de se contrôler eux-mêmes. Ils manquent de confiance, ils craignent les sentiments qui pourraient surgir s'ils n'étaient pas maîtrisés. Il leur est nécessaire de se sentir actifs, puissants et autonomes: ils vont donc définir les situations selon leurs vues, et surtout tenter d'amener l'autre à entrer dans leur définition. Il ne leur suffit pas que l'autre se soumette à leur point de vue, il doit l'adopter.

> «Tu dois bien reconnaître que c'est toi qui me cherches noise alors que je suis très tolérant.»

Ils feront appel à une objectivité indiscutable pour étayer leur point de vue, dans un domaine où ne règne que la subjectivité.

> «Ce n'est pas normal que tu...»

> «Tu dois te rendre compte qu'aucun couple ne peut vivre ainsi.»

Le besoin de garder la position haute, c'est-à-dire de mener le jeu relationnel, est lié à la difficulté de se laisser aller, de lâcher prise, de rencontrer l'inattendu. C'est aussi une grande peur, celle d'être dominé et asservi. Il peut y avoir là une revanche par rapport aux humiliations subies dans l'enfance.

Certains dominés sont attachés à la position infantile de s'en remettre à l'autre, de se laisser guider, d'éviter la prise de responsabilité pour soi-même. Ils nient d'autant plus aisément leurs désirs et leurs besoins, que ceux-ci sont flous et méconnus d'eux-mêmes.

La tendance à accepter les positions de soumission tire son origine d'une dévalorisation (l'autre sait mieux que moi, ses besoins sont plus importants que les miens), d'une peur des désaccords et d'une intolérance aux confrontations.

Parfois l'un semble dominer l'autre dans tous les domaines. Mais cela n'est jamais simple, car il n'y a pas de soumission sans ambivalence, et pas de domination sans un certain désir d'avoir en face de soi quelqu'un de ferme.

Celui qui, apparemment, a la position inférieure a beaucoup de ressources pour exercer le pouvoir de la faiblesse, des larmes, de la résistance passive, du sabotage, de la maladie et d'une sourde rancœur. La froideur et le refus dans la rencontre sexuelle seront un terrain privilégié, bien que vécus comme tout à fait involontaires.

> «J'aimerais tant ressentir du désir, du plaisir, mais je n'y parviens pas! Et je suis désolée de te mettre ainsi en échec.»

Le fait même que le dominant ait besoin de la soumission de l'autre pour se sentir fort et reconnu donne un pouvoir certain au second.

> «Si j'ai besoin de ta complaisance pour être confirmé, je dépends de toi, qui dépends de moi.»

Quand les positions deviennent antagonistes (chacun veut s'affirmer comme autonome et puissant, chacun veut la preuve qu'il «ne se laisse pas mener» par l'autre), la lutte pour le pouvoir peut prendre une place immense dans la relation, comme s'il y allait de la survie psychologique de chacun, par la lutte contre l'influence de l'autre.

Une des tactiques dramatiques de cette lutte consiste à dénoncer sans cesse les failles et les manquements de l'autre: le désigner comme le «mauvais» ou «l'insuffisant» aura pour but de montrer que c'est lui le responsable de ce qui ne va pas dans le couple ou la famille. Si c'est lui, ce n'est donc pas moi, je peux maintenir une bonne image de moi, me sentir valorisé, innocenté, dussé-je pour cela me considérer comme victime.

> «Moi, je ne fais que réagir à tes provocations, à tes demandes impossibles ou à tes attaques. Je n'ai que de bonnes intentions, mais je ne peux tout de même pas te laisser me traiter n'importe comment...»

La lutte pour la position supérieure se joue dans les détails de la vie quotidienne, et bien sûr elle peut faire barrage aux échanges sexuels.

> «Je ne veux pas m'abandonner à mon plaisir, cela risque de lui faire plaisir et il croirait avoir gagné. Il penserait que tout est effacé parce que nous nous sommes retrouvés au lit.»

> «Je ne veux pas céder à sa séduction, lui donner prise et me faire avoir. Parfois j'ai même l'impression qu'elle me séduit pour pouvoir me refuser lorsque je deviens demandeur.»

Le lit peut être un bastion important dans cette guerre vitale autour de l'angoisse liée à la soumission. Certains partenaires pensent que répondre au désir de l'autre, c'est entrer dans ce désir, et donc s'aliéner. Ils vont résister, refuser, se priver, se laisser entraîner dans des jeux de victimisation mutuelle.

«C'est moi qui suis ta victime. Je suis victime de ton désir menaçant, et toi tu seras victime de mon refus.»

«Non seulement tu ne vois pas comme je suis admirable d'accepter tes blocages, de ne pas insister, d'être compréhensif et de sublimer mes besoins sexuels, mais encore tu m'accuses de ne penser qu'à ça.»

Nous évoquons les enjeux de ces guerres de couple comme s'il s'agissait de sentiments et de pensées conscientes, dépendant de la volonté. Il n'en est rien: des partenaires pleins de bons sentiments et d'intentions amoureuses peuvent se sentir pris dans un tourbillon de forces puissantes qu'ils ne comprennent pas et qui les contraignent à s'accuser mutuellement.

Que peuvent faire deux malheureux pris dans l'engrenage d'un système qui semble les conditionner jour après jour à des réactions conflictuelles, alors qu'ils rêvent d'amour, d'harmonie et de rires? Ils se sentent entraînés dans le mécanisme d'une machine infernale: une fois enclenché, il échappe au contrôle de deux êtres mystifiés. Jamais ils ne parviendront à analyser tous les dessous inconscients à l'œuvre dans leur relation, ni à maîtriser les racines multiples et anciennes des interactions d'aujourd'hui.

Ils ne pourront que repérer les points névralgiques de leurs échanges, ceux qui font s'emballer le système au quart de tour. Au cas où ils préféreraient vraiment les plaisirs de l'amour aux plaisirs de la guerre, ils pourraient alors s'attacher chacun à ne pas titiller ces zones sensibles, afin de se mettre le moins possible en compétition.

N'importe quel incident dans les territoires du quotidien peut recouvrir des enjeux profonds.

Ainsi cette histoire de serpillière:

«Je n'ai vraiment pas envie de gâcher notre week-end pour des vétilles, mais tout de même, je ne peux pas sans cesse m'effacer pour que tout se passe bien. Le samedi matin, nous faisons le ménage ensemble et il y a toujours un moment où ma femme critique ma façon de faire. Bon sang, si je fais quelque chose, je le fais à ma manière! Elle a besoin de me disqualifier, mais je ne vais pas me laisser faire. D'ailleurs, quand je lui obéis, elle me méprise.»

De son côté, sa femme témoigne:

«Il sait très bien que je ne supporte pas que la serpillière mouillée soit remise dans le placard. Ne peut-il donc jamais tenir compte de moi?»

Et l'observateur extérieur s'interroge:

«Mais elle n'a qu'à le laisser faire à sa façon, il est aussi chez lui! D'autre part, c'est pourtant simple de mettre la serpillière à sécher sur le balcon, qu'est-ce qu'ils ont donc à s'empoisonner la vie avec un détail pareil?»

C'est bien une histoire de serpillière, c'est-à-dire de peur d'être ou de passer pour une serpillière. C'est une question de principe (je ne me laisse pas régimenter), de demande de reconnaissance (tiens compte de ce qui est important pour moi), de territoire (la cuisine est mon domaine), d'intentions prêtées (il fait exprès pour me contrarier, elle a besoin de m'humilier).

Cette serpillière permettra d'éviter un rapprochement, une intimité qui, pour d'obscures raisons, leur fait peur. Elle sabotera une rencontre sexuelle possible.

Ce jour-là, le conflit de ce couple s'était passé devant un témoin abasourdi par la violence des réactions. Il leur demanda si ce genre de tornades arrivait souvent. Devant leur aveu dépité, il suggéra:

«Pouvez-vous lui donner un nom, à ce tourbillon circulaire, on baptise bien les typhons...»

Ils choisirent de le nommer Ping-pong. Parfois, par la suite, quand ils sentaient poindre la rage, ils tentaient de s'avertir l'un l'autre: «Attention! je crois que Ping-Pong commence à se réveiller.»

Nous ne comprenons que très peu de ce qui se passe dans nos interactions. Certes, nous ne pouvons pas tout contrôler, mais mieux vaut une lueur de prise de conscience que de patauger dans le noir. Pour y voir un peu clair dans nos errances relationnelles, il est parfois possible, si nous l'osons, de nommer la relation que nous vivons, de chercher un mot qui définisse le lien. Mais c'est une démarche de lucidité qui peut être douloureuse.

Nommer les relations

«Mon mari m'a proposé de l'aider pour l'organisation d'un congrès. J'ai accepté et il s'est mis à me donner des directives très précises. Je lui ai alors demandé s'il voulait en cette occasion établir avec moi une **relation d'exécutant**, où je recevrais des consignes et les réaliserais, ou une **relation de collaborateur**, où j'apporterais mes idées, mes critiques, ma créativité.»

Une jeune femme mariée depuis un an nous disait:

«Avant de rencontrer Jonas, j'ai eu plusieurs amis. Avec chacun j'ai appris et découvert plein de choses et j'ai beaucoup grandi. Dans ces relations, au fond, je recevais sans donner. En somme, c'était des **relations pépinières**, et maintenant je me sens engagée dans une véritable relation de croissance mutuelle que j'ai l'intention d'inscrire dans la durée.»

Une autre avoue que lorsqu'elle repousse les avances sexuelles de son mari, elle reçoit coups et injures. Dans un rapport de forces très inégal, elle ne trouve pas d'autre solution que de céder, de le laisser faire.

Aurait-elle au moins le courage de nommer ce qui se passe: «C'est donc une **relation de nazi** que tu m'imposes?»

«Récemment nous nous sommes disputés, mon mari et moi. Chacun a reproché âprement à l'autre ses faiblesses, ses manquements, ses insuffisances. Soudain mon mari s'est arrêté, et après un silence il a déclaré: "Bon, nous venons de vivre une heure et quart de **disqualification mutuelle**, et après, qu'en faisons-nous?" Le ton de nos échanges en a été transformé sur-le-champ.»

Cette autre femme raconte à une amie qu'elle n'est plus attirée par son mari, mais qu'elle se sent tenue d'accepter quand même des échanges sexuels: «Sinon il devient hargneux, il me critique pour tout, et il fait la gueule. Et puis c'est normal, je suis sa femme, il m'entretient, et aussi je ne voudrais pas qu'il aille chercher ailleurs. Je simule parfois le plaisir et il est content.»

L'amie écoute, interroge encore, puis déclare: «C'est donc une **relation de prostitution** que tu vis. Tu échanges l'accès à ton corps contre sa bien-veillance, tu vends ton sexe pour ta sécurité maté-rielle et affective.»

Il est difficile bien sûr de reconnaître et de nommer ainsi avec crudité une relation conjugale... qui en apparence est fondée sur l'accord ou l'amour!

«Entre ma femme et moi le dialogue est devenu surtout fonctionnel, nous n'avons plus de relations sexuelles, plus de mots doux, pas d'agressivité non plus. J'appelle notre lien une **relation de cohabitation et de coparentage**. Nous sommes des partenaires économiques et des collaborateurs pour élever nos enfants. Il appartient à chacun de gérer indépendamment sa sexualité et ses besoins affectifs. Notre relation se porte bien... tant qu'elle s'appuie sur ces bases reconnues de part et d'autre. Il y a quelques années j'aurais jugé cela impossible», ajoutait cet homme.

Beaucoup de couples vivent, après des années de mariage, une amitié amoureuse, une connivence relationnelle qui s'inscrivent dans une relation de compagnonnage fondée sur le respect d'une convention implicite: rester ensemble sans se blesser.

Pour s'y retrouver dans ses multiples rôles et pour que sa famille s'y repère aussi, un homme s'était confectionné quatre badges:

L'un portait le mot «**papa**». Ses enfants savaient alors qu'il était prêt à jouer, à écouter, à câliner, à donner.

Le deuxième était intitulé «**père**». Il l'épinglait à son revers lorsqu'il faisait la loi, exigeait, mettait des limites, énonçait les valeurs auxquelles il croyait.

Sur le troisième, il avait inscrit «Pierre, **mari de Christiane**». Et son petit garçon comprenait, lorsqu'il voyait son père porter ce badge, qu'il avait avantage à ne pas tenter d'accaparer sa mère pour le moment. Sa fille savait aussi qu'elle n'avait pas la priorité.

Le quatrième portait la mention «**Pierrot, le petit garçon**». Il le sortait lorsqu'il se sentait bien fatigué, demandeur d'attention ou désireux qu'on le laisse jouer, sans que la famille ait des exigences envers lui.

Ces derniers temps, cet homme est débordé de travail et il songe à un cinquième badge qui indiquerait «**ingénieur**», et accompagnerait les dossiers qu'il apporte à la maison.

Au travers de toutes ces représentations, il indique aux membres de sa famille la disponibilité ou les exigences qui sont les siennes.

«Lorsqu'elle me répète: "Je ne pourrais pas vivre sans toi" et que je m'en sens à la fois irrité et flatté, je me dis *in petto*: "Nous sommes bien dans une **relation d'interdépendance** flagrante." Elle, elle nomme cela "notre amour", alors que c'est une demande, voire une exigence que j'entends. Chaque fois qu'elle me dit "Je t'aime", je ne me sens pas aimé car je ne reçois rien d'elle sinon son attente d'être aimée de moi.»

«Pendant les trois premières années de notre vie commune, nous avons vécu une **relation d'assistance**. C'était moi l'assisté. Je faisais des études, ma femme gagnait notre vie. J'étais déprimé, elle me soutenait, m'encourageait, m'écoutait, s'occupait de tout pour me décharger.

«Plus tard, lorsque j'ai été capable d'instaurer une relation d'égalité et de réciprocité, c'est elle qui a eu de la peine à lâcher son rôle d'aidante. Mais nous avons pu évoluer vers une **relation de mutualité** où chacun trouve son compte dans une alternance des positions.»

«J'ai toujours besoin de mettre un tiers entre l'autre et moi. Jusqu'à la veille de notre mariage, j'avais un autre ami que mon fiancé. Et durant ma vie conjugale ma façon d'être fidèle, c'est-à-dire de rester avec mon mari, a été d'avoir toujours une autre relation, une **relation tierce**. Jusqu'au jour où je me suis attachée à cet homme, et où la relation

tierce est devenue... essentielle. Mais je voulais garder mon mari... comme relation tierce.»

Nous savons au travers du témoignage de beaucoup de
couples que la relation à deux suppose parfois... un troisième
qui sert de liant.

«Je découvre que la plupart de mes relations
avec des hommes successifs a été une série de **jeux
de ball-trap**. Je tombais amoureuse d'un homme
que j'idéalisais, que je plaçais très haut sur un pié-
destal. Puis je ne faisais que chercher — et trouver
— ses failles et je le descendais en flèche! J'ai prati-
qué longtemps ce jeu jusqu'au moment où j'ai rencontré un partenaire que tous mes amis trouvaient
banal et que moi je voyais... délicieux de simplicité.
Mon regard avait changé.»

«Il m'a fallu beaucoup de temps pour voir et
admettre que ce que je nommais une relation amoureuse était devenue une **relation fossile**. Elle com-
portait toujours les gestes, les mots, tous les petits
rituels que nous avions inventés jadis, mais ils
n'étaient plus que des empreintes dévitalisées.»

Les relations de certains couples pourraient être décrites
par un vocabulaire emprunté à la politique et même à celui
des stratégies des commandos de choc. Coexistence paci-
fique, guerre froide, relations diplomatiques, alliance, exploi-
tation, colonisation, terrorisme...

Il y a aussi les **relations poubelles**, qui servent à déverser
sur l'autre tout ce qui va mal, les **relations peau-de-chagrin**,
qui peu à peu diminuent en intensité et en qualité, les **relations de consommation** dans lesquelles l'un des deux
consomme l'autre... en le mettant au service de ses désirs et
en lui donnant mission de satisfaire ses attentes.

«Je vis avec mon ami une **relation de fécondation**. Ses idées, ses paroles, ses images trouvent en moi un écho qui me donne envie de leur donner forme, de les compléter, de me les approprier en leur créant de nouveaux prolongements.

«Sa pensée stimule mes intuitions, ses intuitions éveillent mes pensées. Et j'ai aussi le sentiment que mon écoute vivace le stimule à son tour et lui donne à certains moments des ailes.»

Dans les relations **«ça se fait»**, c'est la bienséance qui prime. Les relations «il faut», «tu dois», «je me dois de...» sont des **relations en conserve** que nous proposons, non à partir de la réalité actuelle ou du présent d'une situation, mais à partir de schémas d'obligations inscrits en nous depuis si longtemps que nous n'en avons plus conscience.

«Mon mari est un industriel. Nous habitons une villa agréable. Je suis bien habillée et maquillée. Mon fils est beau, intelligent, bien bâti. J'ai tout pour être heureuse... et je ne le suis pas souvent. Je dépense une énergie folle à nourrir la belle image d'épouse, de mère, de belle-fille. Je passe mon temps à alimenter, à entretenir sans relâche... le miroir dans lequel je dois apparaître. En somme, ce sont des **relations fictives** que je vis. Je pourrais les nommer **relations Beau Miroir**.»

— Je fais tout pour te satisfaire, et je n'y arrive jamais! Je te suis partout, je ne m'oppose jamais, j'anticipe même ce qui pourrait te faire plaisir... je n'y arrive pas. Car j'ai toujours le sentiment qu'il manque quelque chose...
— Oui, ce qui manque, c'est justement la différence. Tu deviens moi, mes désirs, mes projets, et cela m'est insupportable — une vraie **relation de petit chien**!

Nommer une relation ou une séquence relationnelle n'est pas un facteur de stagnation, cela ne fige rien. Au contraire, instaurer une clarification, une prise de conscience, un balisage, représente une butée à partir de laquelle souvent un changement peut s'opérer.

Évolution de la relation

Toute relation est destinée à évoluer, et l'essentiel est peut-être là: vivre une relation en mutation constante. La transformation du lien amoureux en lien aimant est difficile à accepter, tant est forte la nostalgie de l'intensité des premiers temps, ce temps des échanges accélérés qui nous bousculaient dans la nouveauté.

Passés les bouleversements de la rencontre, la vie continue à donner des coups de pouce ou des coups de boutoir à la relation pour qu'elle se renouvelle. Pensons simplement au chambardement relationnel que représente l'arrivée d'un enfant. Et aux crises liées aux âges de la vie, ou aux amours concomitantes qui peuvent surgir dans la vie d'un homme ou d'une femme.

Nul ne peut prévoir l'avenir d'une relation amoureuse. Nul n'est à l'abri de l'irruption d'autres rencontres, qui parfois révéleront la misère sentimentale d'un couple qui a glissé dans l'ennui ou le revifieront au travers d'une remise en question.

L'évolution de la relation est hasardeuse, puisqu'elle dépend de l'évolution simultanée et accordée de chacun des partenaires. Or souvent, c'est chez l'un des deux que s'opère un changement. La relation, l'amour de l'autre lui ont peut-être permis de prendre un essor, d'acquérir davantage de liberté intérieure et il se trouvera un décalage avec celui qui, sans évoluer lui-même, a favorisé sa croissance. Il se sentira en dettes mais la relation établie sera déstabilisée. L'autre se sentira alors trahi par rapport à la définition initiale, et fera tout ce qui est en son pouvoir pour ramener son partenaire au contrat de départ.

— Mais enfin, nous étions bien d'accord pour établir une relation de rencontres, chacun restant très libre! Maintenant tu souhaites que nous nous engagions davantage, tu parles même de vivre ensemble. Ce n'est pas ce que nous avions convenu. Je me sens floué.

— Oui, à l'époque j'entrais dans tes propositions, je ne savais d'ailleurs pas ce que je voulais. Puis j'ai changé, un peu grâce à toi, et aujourd'hui je connais mieux mes désirs et surtout j'ose faire des demandes. Tu peux certes me dire non, mais cela ne changera pas mes désirs.

L'évolution se fera de déséquilibres en rééquilibrages, par des réajustements sur les trois axes essentiels qui organisent tout système relationnel: distance, échanges, pouvoir.

Ou elle ne se fera pas, et la relation pourra devenir en soi un frein au changement individuel, un instrument de stagnation. Une dérive qui éloigne insensiblement les partenaires l'un de l'autre amènera une séparation émotionnelle, mais chacun évitera peut-être de poser la question dangereuse: «Qu'avons-nous encore à mettre en commun?»

Il arrive que des partenaires se disent leur amour l'un pour l'autre au moment où ils se quittent, faute d'avoir pu inscrire leurs sentiments dans une relation suffisamment renouvelée.

Il est des jours

Il est des jours où
il est si difficile de se dire.
Il est des jours où il semble impossible d'être entendu.
Oh non pas d'inconnus ou d'étrangers
mais justement de ceux qui nous sont proches,
de ceux aimés et aimants, du moins le disent-ils.
Il est des jours où
ce que je te dis te déstabilise, m'insécurise.
Il est des jours où
je te perds dans une simple parole
mal entendue, qui ne rejoint pas
ta longueur d'onde émotionnelle,
ta sensibilité du moment.
Il est des jours où
je déclenche sans le savoir
une batterie de réponses stéréotypées,
de justifications, de condamnations
qui semblent sans appel.
Il est des jours où
je me sens jugé, étiqueté, diminué et sans valeur.
Il est des jours où
je fonctionne comme toi.
Et c'est terrible, car je ne l'entends
que plus tard, trop tard.
Quand tous deux, exténués,
ne gardons au plus précieux de nous,
que notre silence.
Quand nous nous accrochons à nos refus
comme à une bouée,
ultime protection contre la panique de se perdre.

Il est des jours où
tu sors de moi et où
je sors de toi,
meurtri, abasourdi et impuissant.
Il est des jours où
avec nos échanges stériles,
nous nous perdons, chaque fois un peu plus.
Il est des soirs où je ne sais plus où
te retrouver.
Il est des matins où
je déteste cette solitude à deux
qu'on appelle une relation proche.
Il est des jours… seulement des jours.
Alors je m'appuie sur tous les autres jours,
des jours à inventer chaque jour,
pour construire un avenir à deux.

Témoignages

Mon père et ma mère se disputaient souvent et elle, ma mère, dévoilait la vie, les comportements et l'intimité d'une autre.

Je me sentais blessée d'entendre cela, d'avoir accès à la vie d'un tiers. Je m'étais jurée de ne jamais utiliser ce moyen pour nourrir un reproche ou parasiter une relation. J'ai tenu parole. Quand mon mari a voulu un jour me parler d'une autre femme, je l'ai arrêté net: «Parle-moi de toi si tu veux, pas d'elle. De toi, seulement de toi.»

J'ai pu lui dire que je me sentirais trompée non dans le fait qu'il ait une autre relation, mais qu'il parle de moi dans cette relation.

La trahison de l'intimité me paraît la blessure la plus douloureuse.

***

Ça n'a rien à voir, c'est grotesque, mais j'ai toujours en mémoire notre premier repas au restaurant. Elle a essuyé si soigneusement son assiette avec un morceau de pain, que le serveur m'a jeté un regard narquois qui m'a blessé.

Je pense souvent à ce petit incident; c'est comme si je n'avais pas fait le bon choix, comme si elle n'était pas assez bien pour moi. Et j'ai toujours une réticence à m'engager.

***

Quand j'ai appris qu'elle avait une autre relation, j'ai ressenti cela comme une injustice. Elle n'avait pas le droit de me faire ça, moi qui avais tant fait pour elle, moi qui l'aimais tant. J'en voulais à la terre entière. J'ai tout fait pour maltraiter ma relation à elle, et celle qu'elle avait avec l'autre. Je devenais omnipotent, omniprésent, je l'envahissais d'accusations ouvertes, de reproches et de marques d'amour excessives.

Elle s'est débattue, puis s'est soumise et enfin elle s'est révoltée en me quittant. Ce n'est que le soir de son départ que j'ai commencé à m'interroger sur moi…

Pour découvrir ma propre participation, ma collaboration tous azimuts à notre échec, à mon échec.

***

Après dix ans de relation, je me suis enfin accouchée de moi-même. J'ai laissé mourir le personnage de surface qui me permettait de rester dans cette relation et même d'en paraître satisfaite. Je me suis séparée de l'homme qui collaborait à ce lien malsain, j'allais dire névrotique, qui nous oppressait l'un et l'autre.

Ainsi que le disent certains jeunes enfants: «Je me suis divorcée.» Je vis seule pour l'instant, dans un acte de fidélité intérieure. Être fidèle à moi-même me semble l'urgence la plus évidente. Je suis consciente de créer ma liberté en de constantes épousailles avec celle que je laisse enfin naître. Et le plus extraordinaire est l'apparition d'une dimension sexuée puissante, qui jaillit dans chacun de mes pores. Je ne peux pas dire que je n'ai pas de vie sexuelle, même si pour le moment je ne l'actualise avec personne, puisque je ne me suis jamais sentie autant femme, aussi intensément femelle.

***

Savez-vous que le vide fait du bruit?

Il est parti à ma demande, je ne pouvais pas continuer à vivre avec son silence, avec son impuissance à se dire. Et soudain son absence devient pleine, je découvre tout ce que j'ai à lui dire, ou plutôt à me dire. C'est cela, à me dire. Je ne me croyais pas si sourde. Tout semble remonter d'un seul coup. Des détails infimes qui deviennent tranchants comme des épées de justice. Des paroles banales, des petits faits de rien du tout prennent sens. Par exemple je découvre avec une évidence telle que j'en pleurerais de rage, que je ne me suis jamais définie, que je suis toujours entrée dans la demande de l'autre, que mon propre désir se décalquait sur le sien.

Quelle révolution! Je lui reprochais son silence alors que c'était du mien qu'il s'agissait. Je me suis séparée de cette partie de moi qu'il représentait avec beaucoup de fidélité, ma difficulté à me positionner.

***

Comment combiner le quotidien, la répétition, l'usure et garder le mystère, l'étonnement, la découverte, la poésie? «Par l'imprévisible» répond-elle!

C'est vrai, sa fantaisie, l'inattendu de ses partages m'impressionnent toujours. C'est moi qui suis un peu à la remorque, j'ai l'impression de ne pas être à sa hauteur, de proposer du banal là où elle attend peut-être l'extraordinaire. Si elle est la femme dont j'ai rêvé, je crains de ne pas être l'homme qui la fasse rêver!

Nous en avons parlé et j'ai découvert avec effarement qu'elle n'attend pas de moi «l'imprévisible» mais au contraire le prévisible. «L'imprévisible me dit-elle, c'est ce que j'aime, moi, offrir.»

Ce qu'elle aime recevoir est très différent. Nous vivons ainsi depuis dix-sept ans...

***

J'ai un amant et du désir pour lui. Du plaisir aussi à être dans ses bras, sous son regard. Je l'aime comme il est, j'ai du respect pour lui. Je trouve du magique en lui, cette émotion incroyable qu'il déclenche en moi de me faire trembler, rire, pleurer, et tout ce plaisir fluide.

J'ai un mari et j'ai de l'amour pour cet homme. Une tendresse infinie pour tout ce que nous avons vécu ensemble, de la reconnaissance parce qu'il me laisse vivre et qu'il continue à m'aimer, sans s'imposer, sans m'envahir. Je ne fais l'apologie d'aucun mode de vie, j'ai le désir de protéger ces deux relations, d'apporter du bon à chacun.

Ces deux hommes irriguent ma vie. Ils apaisent mes doutes, avec eux je n'ai plus besoin de prendre toute la misère du monde sur moi.

***

Il prétendait m'apprendre la liberté d'aimer en restant libre. Me montrer comment ne pas avoir peur des distances, des séparations et vivre l'instant présent. Il disait que chaque fois qu'il entendait «Je t'aime», il se raidissait à l'avance contre les demandes, contre les attentes de l'autre.

En voulant m'apprendre la liberté d'aimer, il m'a appris le désamour. Ma liberté d'aimer à moi était dans le plaisir de l'attente, l'anticipation du projet, l'émotion d'une certitude. Il voulait cloisonner son existence, je souhaitais partager la mienne.

Nous étions aux antipodes d'une relation commune.

***

Je me sens victime de sa victimisation.

C'est toujours lui qui se sent agressé, pas compris, mauvais ou rejeté quand je tente de témoigner de mon bien-être ou de mon mal-être. Il a une telle façon de s'approprier ma parole ou mes tentatives d'expression que depuis des années, je refoule tout pour ne pas donner prise à sa victimisation.

Mais j'étouffe dans ce système, je crève vraiment. Le jeu actuel consiste à me reprocher mes silences: «Tu ne dis plus rien, tu penses que je ne peux pas comprendre, que je suis trop bête pour échanger avec toi...»

Nous sommes, je le sens, prisonniers l'un et l'autre d'un système d'accusations qui fait feu de tout bois. J'ai l'impression que j'attends qu'il m'accuse pour l'accuser à son tour d'oser m'accuser. Alors l'amour dans tout ça n'a plus d'espace. Même nos étreintes sont chargées de ressentiment.

***

Depuis quelques mois, j'ai un amant. C'est une relation très importante pour moi, qui a déjà beaucoup évolué et qui ne remet absolument pas en cause mon couple (ni le sien d'ailleurs, auquel il est autant attaché que moi). Une relation comme j'en rêvais! Cela m'a beaucoup perturbée émotionnellement au début. Depuis l'horizon s'est éclairci, la vie est plus sereine maintenant. Nous communiquons souvent par lettre ou par téléphone.

Bien que nous ayons décidé d'espacer nos échanges, ceux-ci n'en sont pas moins forts et intenses, le lien se développe, s'approfondit.

Aujourd'hui, il m'apparaît clairement que j'ai deux amours, chose qui me semblait impossible jusqu'à ce jour. Mais ils sont si différents qu'utiliser le même mot me semble inconvenant.

J'ai un amour-aimant, l'amour de ma vie, avec qui j'aime toujours passionnément partager ma vie, même si parfois j'en touche les limites, avec qui j'aime faire l'amour. C'est lui qui m'a aidée à devenir ce que je suis. J'aime sa tolérance immense bien que faite d'intolérance parfois, j'aime son calme qui m'apaise même s'il m'irrite de temps en temps. Et puis... c'est le père de mes enfants. J'ai eu beaucoup de plaisir, de bonheur à les concevoir et à les élever avec lui, même si, à certains moments, nous ne partagions pas les mêmes idées. Fondamentalement, nous avons les mêmes valeurs. Je sens cette relation très solide, construite pas à pas. Jusqu'à ce jour, nous avons toujours réussi à résoudre nos conflits en essayant de préserver le plus possible l'intégrité de chacun.

J'ai un amour-tendresse, une relation privilégiée qui est très importante pour moi, même si nous nous voyons rarement, avec qui je peux partager tous mes cheminements, qui comprend toutes mes hésitations, mes interrogations, avec qui je me sens entendue au profond de moi, dont la tendresse infinie, subtile, m'agrandit, me dilate, permet à certains aspects de moi (enfouis parce que trop encombrants dans mon autre relation) d'exister, de s'épanouir, me permet d'être dans mon entièreté, dans ma complétude.

Je n'ai pas, jusqu'à ce jour, dépassé les limites que je m'étais fixées et je ne me sens pas prête à franchir ce pas. Les choses étant très claires entre nous, cela ne semble pas poser vraiment de problème. J'ai bien conscience d'avoir rencontré un être exceptionnel!

Je sens bien que cette relation a bousculé un certain nombre de mes croyances, de mes mythologies personnelles:

les notions d'amant, de fidélité conjugale ont un tout autre sens pour moi aujourd'hui. Je ne me sens pas vraiment coupable.

La seule chose qui me gêne un peu, c'est de sentir que François n'est pas prêt à entendre. J'aimerais pouvoir lui dire quelque chose comme: «J'ai un ami avec qui j'aime partager mes réflexions, mes cheminements, un ami qui est très important pour moi. C'est bien toi que j'aime et avec qui je veux vivre.» Mais je n'ai pas envie de perturber notre relation de couple qui est particulièrement merveilleuse depuis les grandes vacances.

Je n'ai pas envie de l'inquiéter inutilement. Je choisis donc de garder cela dans mon jardin secret. Même si je sais que c'est pour moi que je fais cela et non contre lui, je sais combien il souffrirait s'il savait que je partage une partie de mon intimité, de la tendresse, avec un autre homme et je n'ai pas envie de le faire souffrir.

***

C'est lorsque je suis loin de lui que je perçois l'intensité de mes sentiments.

Quand il me dit: «Si nous nous aimons, il faut vivre ensemble le plus souvent possible», j'ai soudain plus froid. J'étouffe d'un trop-plein de sa présence, je rêve d'une relation qui ne s'enferme pas dans le lien (ne dit-on pas se libérer de ses liens...) mais qui puisse s'appuyer sur des points communs et surtout sur des différences. Mais il m'est difficile aussi de renoncer à ce rêve d'un partenaire qui me comprendrait au quart de tour, qui serait branché en permanence sur ma longueur d'onde, à qui je pourrais tout dire.

***

Aujourd'hui, je suis sensible aux déséquilibres entre ce que je donne et ce que je reçois. Je me sens malgré moi bouffée, exploitée, avec des envies de fuir et l'amertume de me sentir mesquine, quand j'ai l'impression qu'un homme retire bien plus d'avantages pratiques, concrets d'une relation conjugale... qu'une femme. Ah! je ne m'aime pas faisant ces comptes-là!

* * *

Au début, sans doute parce que je me sentais si seule, je l'ai laissé prendre en main nos destinées, c'est-à-dire la mienne. Il avait pour moi des projets d'avenir...

Après un accident où l'on me recousait le crâne et me plâtrait le bras droit tout en pansant le gauche, le chirurgien lui jeta: «Allez la soutenir, elle va tomber ou s'évanouir.»

Je l'ai entendu répondre: «Je préfère que vous le fassiez vous-même, elle va me salir!» Quel choc! Les projets de mariage s'écroulaient dans ma tête recousue. Il n'eut durant ma convalescence pas un seul geste pour m'aider à refaire un bandage.

Quelques jours après, le chien Dolly arrive avec une oreille qui saigne... je le vois alors courir, s'agiter, s'affoler, tamponner la plaie en interrogeant: «Tu crois que c'est grave?»

C'est vrai, il aimait les animaux. Alors je lui ai appris à m'aimer. Oui, durant cinq ans, geste par geste. Par exemple, il ne savait pas me tenir dans ses bras. Il faisait peser son corps massif sur mes épaules et me broyait les côtes. Sur le canapé, il ne savait pas offrir son épaule, il s'appuyait, se relâchait et j'étouffais crispée à le retenir. Aujourd'hui, il a des gestes ronds, il sait ouvrir le creux de son épaule, me l'offrir, m'y laisser reposer, m'endormir même.

Le matin, il constate puéril et ravi: «On dort bien ensemble hein! Quand tu n'es pas là, je dors mal...»

Je continue à aimer cet homme qui, lui, ne savait pas m'aimer.

* * *

VII

Langage des sens

Nos corps expérimentent bien d'autres perceptions sensorielles que celles des cinq sens habituellement nommés. De fait, nous avons aussi le sens du rythme, du mouvement, du vertical et de l'horizontal, de l'équilibre, de la lourdeur et de la légèreté. Nous avons surtout de subtiles sensations de nos organes internes, perceptions infimes que le plaisir ou la douleur fait flamber.

Les cinq sens reconnus sont ceux qui ouvrent des portes sur le monde, qui établissent des passerelles entre l'interne et l'externe; ils sont les moyens privilégiés de cette communication si particulière: la sensorialité. S'écouter, se regarder, se sentir, se goûter, se toucher, voilà les langages premiers de la rencontre amoureuse.

Les canaux de perception sont différemment privilégiés selon les personnes et les âges. Chacun se constitue un réseau de modalités sensorielles singulier et sera plus réceptif et sensible aux messages transmis par l'un ou l'autre sens. Ces préférences se manifestent dans le langage. Certains utilisent souvent les mots de la vue: «Je vois ce que tu veux dire», d'autres ceux de l'ouïe: «J'entends bien ton point de vue», d'autres encore le langage du senti: «Je sens bien ce que tu exprimes».

Des études ont montré qu'hommes et femmes dans leur majorité ne donnent pas la préférence aux mêmes langages corporels: pour les femmes, entendre est primordial; pour les hommes, voir prédomine.

Un séducteur est vu comme un homme qui sait parler aux femmes, qui réveille leurs émotions par ses mots et les intonations de sa voix, qui sait les écouter aussi.

Celle qui est considérée comme une séductrice saura surtout donner à voir, à montrer ou à suggérer.

Ils semblent ainsi attentifs à utiliser le canal de communication préféré par l'autre sexe.

Ces divergences et les différences personnelles égarent parfois la communication sensorielle, tant est grande la difficulté de se décentrer de soi-même: selon une dynamique bien connue, chacun a une tendance puissante à donner à l'autre, en toute générosité, ce qui, pour lui-même, est bon et important.

Telle femme offrira à son partenaire les mots tendres qu'elle voudrait entendre et les caresses longues qui la combleraient, alors qu'il lui proposera des gestes qui, pour lui, sont éloquents et le silence qui lui est cher. Chacun recevra plus ou moins bien ces messages qui correspondent mal le plus souvent à son code intime.

L'érotisme dans ses cheminements les plus subtils est affinement des sens, mais aussi affinement des perceptions et de la connaissance de comment l'autre sent.

Entendre

Dans la rencontre amoureuse, c'est tout notre corps qui devient une oreille grande ouverte, captant tous les signes, sensible à chaque vibration. L'ouïe permet une communication fabuleuse, bien au-delà des mots.

Les modulations d'une voix peuvent émouvoir profondément. Il y a des voix chaudes, des voix acides, des voix insupportablement gentilles. Chaque voix est unique, et nous nous émerveillons qu'il puisse suffire de dire «bonjour» au téléphone pour être reconnu. La seule tonalité musicale d'une voix nous fait sentir l'accueil, l'acceptation ou la réserve de l'autre.

La rencontre sexuelle est sonore. Rires soudain, ou san-glots, grognements, gémissements, cris, langage sans mots ou mots isolés qui jaillissent pour dire l'étonnement, le plaisir, la crainte, pour murmurer l'abandon et l'offrande.

Pour certains, il n'est pas d'emblée aisé d'accéder à une liberté d'être, en acceptant d'entendre, en acceptant aussi de laisser sortir les sons du corps. Les sexes font du bruit par-fois, dans une sorte de joyeuseté incongrue.

Malheureusement le langage des bruits du corps est par-mi les plus censurés dans nos contrées.

«Ne fais pas de bruit avec la bouche en man-geant...»

Et quant à l'autre extrémité digestive, c'est pire!

Ceux qui fréquentent les hôtels mal insonorisés auront remarqué qu'ils entendent en provenance de la chambre voi-sine la voix de la femme, rarement celle de l'homme. Comme si, pour lui, était plus censurée la possibilité de se laisser al-ler, de laisser un cri, un rire ou un sanglot monter du plus profond de lui.

La liberté d'être peut se trouver bloquée par la peur d'être entendu («Attention, doucement, les enfants sont à côté...») mais aussi par la gêne de l'autre: une femme bien élevée ne se laisse pas aller comme ça («Ne sois pas hysté-rique»)!

Rares sont les enfants qui n'ont pas entendu les ébats amoureux de leurs parents, avec inquiétude souvent («Ma-man crie, elle a peut-être besoin d'aide...»), avec perplexité généralement. Mais ils n'en disent rien.

Plus tard, les parents seront tout aussi gênés d'entendre leurs grands enfants, alors même qu'ils les ont autorisés à in-viter un ami ou une amie. L'écran sonore de la musique vien-dra protéger l'intimité.

Bien des couples mariés renoncent à faire l'amour lors-qu'ils sont en visite dans la maison parentale de l'un ou de l'autre. Ce silence et cette gêne intergénérationnels ont leurs racines dans la nécessité de maintenir des distances en ma-tière de sexe entre parents et enfants. Cependant entre la promiscuité de confidences trop intimes et la massivité du silence, il y a place pour une parole qui reconnaît l'existence du plaisir et de la vie sexuelle des uns et des autres.

Entendre, ce sera aussi recevoir les mots. Mots d'amour et silences d'amour, quand chacun écoute le palpitement de la vie, les ondes du désir et le fragile de l'abandon.

Le langage de l'intense est le langage privilégié de la rencontre amoureuse.

Regarder

Au-delà de la vue, les sentiments donnent naissance au regard.

C'est parfois par le regard qu'un homme et une femme se tiennent le plus étroitement serrés l'un contre l'autre. Ce que je vois dans les yeux de l'autre, ce qu'il me voit apercevoir dans ses yeux, miroirs sans fin où chacun s'identifie et se perd. La rencontre de deux regards est une mise en jeu de tous les sens.

L'œil est symbole de connaissance immédiate, de distance abolie, alors même que regarder implique un certain éloignement. Dans l'amour face à face qui caractérise l'humain, le visage joue un rôle majeur.

Regarder le corps de l'autre, se laisser regarder… Là aussi s'insinuent des interdits et des peurs.

Il n'y a pas si longtemps, bien des hommes et des femmes n'avaient jamais vu l'entièreté du corps de l'autre, même au cours d'une longue vie commune. Ils se déshabillaient discrètement, en tournant le dos, se réfugiaient rapidement sous les draps, se couchaient en crabe pour masquer les signes du désir… «Ne me regarde pas, cela me gêne.» «Ferme les yeux pendant que je me déshabille…»

La bonne éducation censure les désirs de voir et de montrer, et la honte de la nudité reflète une culpabilité aux racines profondes, bien au-delà de la crainte de révéler les imperfections ou le vieillissement.

Dans la plupart des familles, le corps érotique, le corps objet de plaisir ne doit être ni vu ni évoqué. Comme s'il représentait un danger potentiel trop puissant, une séduction trop forte. Il n'est parlé du corps qu'en ce qui concerne l'hygiène ou la santé.

Bien des mères se présentent à leurs enfants comme des êtres asexués, laissant la fonction maternelle prendre toute la place, sans se rendre compte combien elles handicapent ainsi le développement de leurs fils et filles.

Les premières curiosités sexuelles sont désir de savoir et désir de voir. C'est le regard qui fait découvrir aux petits, dans un étonnement parfois catastrophé, l'invraisemblable différence: «Je ne suis pas comme lui, elle n'est pas comme moi, en cet endroit caché du corps.»

Dans les jeux enfantins de «Montre-moi et je te montre-rai...», les filles souvent s'esquivent car elles souffrent de n'avoir rien à montrer — rien, ni ce que frères et père peuvent exhiber, ni même ce qu'a la mère, des seins, des hanches, des poils.

Alors les petites filles s'attifent de parures extérieures, bijoux, rubans et déguisements, et résistent aux petits voisins qui leur demandent de dévoiler leur nudité... qu'elles vivent comme du dénuement. La plupart du temps, elles ignorent l'existence de leur vagin et de leur clitoris. Personne ne leur en a parlé. Toutes reçoivent des messages contradictoires au sujet de leur corps: elles doivent être jolies, soignées, parées, mais surtout, surtout ne pas attirer des regards lubriques. Beaucoup de femmes auront de la difficulté à accepter de laisser le regard de l'homme caresser leur corps dénudé.

La sexualité masculine passe par ce qui se voit, alors que, souvent, pour la femme la rencontre sexuelle est dans l'invisible, la relation, le ressenti intérieur. Et l'homme passionnément ou violemment parfois cherche à voir l'invisible de la jouissance féminine, il demande à la femme de lui révéler ce qui ne peut se voir.

Les femmes souvent ferment les yeux pour mieux sentir, pour ne pas laisser les images prédominer sur les sensations, pour ne pas non plus se voir de l'extérieur dans le regard miroir de l'autre et être ainsi décentrées de leurs perceptions intérieures: car la vue fait impression si forte qu'elle peut émousser les autres sens.

Est-ce par pudeur, honte, interdits anciens que beaucoup éteignent la lumière, ou est-ce pour que l'obscurité les invite à ressentir plus subtilement et plus librement le toucher, le goût, l'ouïe et l'odorat?

Sentir

L'odeur est un langage essentiel avec lequel, comme les mammifères que nous sommes, nous stimulons ou éloignons l'autre.

Le rôle de l'odorat, sens fondamental dans la rencontre sexuelle et le choix amoureux, est souvent peu conscient, occulté; il passe pour secondaire.

Ce n'est qu'avec de très petits enfants et dans la rencontre amoureuse que nous nous permettons de humer, de renifler, de flairer l'autre, d'enfouir notre nez dans ses cheveux, son cou et tous les recoins de son corps, retrouvant ainsi l'usage d'un sens qui était primordial tout au début de notre vie.

Dès sa naissance, le bébé reconnaît l'odeur de la peau de sa mère, l'odeur d'un maillot qu'elle a porté, et les mères hument sans cesse leur petit, ses senteurs de miel et d'oranger, ses effluves aigres, pimentées ou sucrées.

Dans l'extraordinaire sensualité des échanges entre parents et bébés, les odeurs prennent sans retenue une place privilégiée.

Un peu plus tard, les enfants ont le nez à la hauteur du sexe de leurs parents, et lorsqu'ils se réfugient contre le corps maternel ou entre les jambes paternelles des odeurs s'inscrivent dans leur mémoire comme des repères.

Les petits qui le dimanche matin grimpent dans le lit des parents flairent cet antre odorant comme des chiots.

Tous les enfants jouent avec leur sexe, en reconnaissent non seulement les contours et la consistance mais surtout l'odeur. Ils flairent leurs mains, goûtent leurs doigts.

Ce petit garçon en promenade sur une plage où la marée basse avait dégagé des algues s'était écrié tout joyeux: «Ça sent comme la fente de ma petite sœur!»

À la puberté, les odeurs corporelles se modifient, et viennent alors les peurs d'être malodorant, ou de révéler par des senteurs la vivante activité sexuelle des corps adolescents. À cet âge, l'odeur intime sera traquée ou remplacée par des fragances plus violentes.

La rencontre sexuelle, par sa proximité et son intimité, nous fait renouer avec l'érotique des odeurs et nous invite à cultiver un sens qui peut-être s'est émoussé. Effluves de la joie amoureuse, odeur forte du sperme et fade du sang pur des règles, senteurs de la sueur, des haleines, des parfums, il ne peut y avoir de communication érotique sans acceptation de ses propres odeurs et des odeurs de l'autre.

Une mauvaise odeur est une odeur perçue comme désagréable par soi-même ou par l'autre; elle a toujours une forte action inhibitrice du plaisir. Les variations individuelles de sensibilité sont importantes: pour certains, l'odeur du tabac crée la répulsion; pour d'autres, elle est aphrodisiaque.

Les senteurs sont liées très fortement à des moments vécus, elles évoquent de façon immédiate la mémoire affective d'événements anciens ou plus récents, ramènent parfois à la conscience des souvenirs oubliés. Ces associations par l'odorat peuvent être source de stimulations ou de blocages, selon qu'elles renouent avec le plaisir et le bien-être de situations jadis vécues, ou au contraire avec l'effroi, la répulsion ou l'inconfort d'événements du passé.

La rencontre des odeurs peut ainsi être une fête ou une violence partagée.

Goûter

«C'est bon...» Mêmes mots pour les plaisirs alimentaires et la jouissance sensuelle de la rencontre amoureuse.

Dès la naissance, la bouche est le lieu privilégié du contact entre extérieur et intérieur. Cette connaissance à la fois tactile et gustative est un des langages les plus archaïques.

Les sexes et les bouches sont les points où les corps et les âmes peuvent s'approcher de la fusion en s'interpénétrant, en partageant un espace d'intimité intérieur, en mélangeant leurs liqueurs. Désir d'incorporer l'autre, de goûter sa chair en mordillant, léchant, suçant, embrassant. Le plaisir oral, bouche à bouche, bouche à sexe, bouche à peau est central dans les jeux amoureux. C'est aussi le souffle partagé, lèvres à lèvres suspendu, où inspir et expir accordés ramènent l'espace à une pulsation commune où s'immobilise le temps.

Au sens gustatif, se mêle inextricablement l'odorat, mais aussi le toucher, car toute saveur est liée à une consistance, à une texture.

Comme tous les plaisirs sensuels de l'enfance, la recherche des satisfactions buccales a été l'objet des censures et des répressions de l'éducation.

«Ne suce pas ton pouce, ne mets pas les mains
à la bouche, ne lèche pas, ferme la bouche... C'est
sale, c'est dégoûtant, c'est mauvais...»

Nos aversions et répulsions sont davantage liées au conditionnement culturel de nos sens qu'à l'expérimentation personnelle.

L'érotisme adulte réhabilite l'usage de la bouche dans la communication. Il nous invite à parcourir et à goûter le corps de l'autre non seulement avec nos yeux et nos mains, mais aussi avec nos lèvres, notre langue, nos dents, en le marquant de notre salive, en absorbant ses humeurs. Voyage fascinant sur 17 000 cm², si nous acceptons de nous réapprendre mutuellement ce langage ancien.

Les racines de la sexualité adulte plongent dans la libre sensualité enfantine. L'apprentissage des bonnes manières pose des limites nécessaires à la vie sociale, mais elles sont souvent maladroitement imposées par les peurs et les croyances hygiéniques et morales de nos éducateurs. Les activités ludiques sexuelles sont un des rares lieux où nous pouvons nous dégager du carcan de certaines bonnes manières, où nous pouvons oser nos possibles, découvrir l'ultime limite de nos sens.

Le langage des sens est une invitation permanente à agrandir, à approfondir l'intimité. Humer, boire, lécher n'est pas s'approprier, c'est d'une certaine façon restituer toutes ses dimensions au corps de l'autre.

Toucher

Être touché nous fait toujours réagir de façon émotive. Le langage du contact corporel est chargé de messages puissants qui suscitent gêne ou plaisir, bien-être ou inconfort.

La communication peau à peau, véritable nourriture affective des tout-petits, reste un besoin vital à tout âge. Et ceux qui s'en défendent se privent ainsi des vitamines du corps, des fortifiants de l'âme. Quand le toucher ne se perd pas en caresses mais s'immobilise à la rencontre d'une épaule, d'un ventre, d'un dos, quand il devient prolongement, extension de soi, amplitude de l'autre.

Le langage des gestes et du toucher fait l'objet de codes personnels et culturels très élaborés qui définissent pour chaque individu et chaque société des significations relationnelles, des limites et des permissions, des invitations ou des refus.

Dans nos pays, se serrer la main marque un rapprochement distant. Nous ne donnons pas une poignée de main à ceux qui nous sont très proches. Mais poser la main sur la main ou sur le genou de l'autre est vécu le plus souvent comme une invitation amoureuse, alors que toucher l'épaule ou le bras sont des signes amicaux.

Les codes du toucher s'apprennent premièrement en famille. Les câlins corps à corps de la petite enfance, le rire et l'abandon des chatouilles, la tendresse corporelle libre et inventive, la joyeuse sensualité des jeux sont comme frappés d'interdit lorsque l'enfant devient «trop grand».

«Ce n'est plus de son âge!»

«Si on le laisse faire, on ne sait pas jusqu'où ça ira!»

Entre père et fille surtout, mais entre père et fils, mère et fille, mère et fils, frère et sœur aussi surgit une menace sexuée, le risque que dans une sensualité ludique et tendre fasse irruption une dimension trop érotisée. Lorsque l'enfant approche de la puberté, il devient difficile de distinguer tendresse et érotisation, et cette difficulté influencera une grande partie de la vie sexuelle ultérieure.

Les baisers changent de goût aussi. L'enfant qui s'élançait dans les bras de son père et contre son corps tend maintenant une joue en reculant son ventre et sa poitrine, et le père arque le dos pour éloigner son sexe. Cette distance nouvelle est parfois comprise comme un retrait d'affection, car tout cela ne fait l'objet d'aucune parole explicite, ni d'aucune prise de conscience claire. Souvent, cela se vit dans le désarroi. Désarroi et détresse aussi liés à nos contradictions d'enfants et plus tard de parents. Désir et peur des rapprochements, nostalgie de tous les possibles non vécus. Tout ce à côté de quoi nous sommes passés, tous ces gestes, ces abandons en gestation qui n'ont pas abouti.

Ce temps de l'innocence et de l'abandon confiant ne reviendra plus jamais. Aussi avons-nous envie de faire à tous les ex-enfants devenus parents cette proposition: osez les gestes du plaisir gratuit, osez entrer dans l'abondance du contact possible et familier. Les gestes de l'affection sont le terreau fertile du plaisir adulte.

S'autoriser une liberté créative dans les festivités de l'amour passe obligatoirement par une séparation psychique d'avec ses parents. Aucune femme ne peut admirer la virilité d'un homme qui reste dépendant de sa mère. En quittant, intérieurement, les liens de chair qui nous ont unis à nos parents, nous reprenons possession de notre corps et de notre désir pour les investir dans une féminité ou une masculinité adulte.

Le langage des caresses est infiniment subtil. Une caresse peut être vécue comme une intrusion, une prise de possession, une demande déguisée. Ou comme un geste qui écoute le corps de l'autre, qui propose sans imposer. Une main simplement posée, sans mouvements ni pressions, peut avoir un pouvoir affectif et érotique supérieur à de savantes manipulations. Même si caresse ne rime pas toujours avec maladresse, ne confondons jamais proposition et imposition.

Les garçons, les hommes ont tous entendu ou lu quelque part que les femmes désirent des caresses. Ce sont eux qui les nomment «préparatoires» ou «préliminaires», les dépouillant ainsi de leur sens dans le présent pour les focaliser vers un but. Ils ont appris qu'il «fallait» leur caresser les seins, stimuler le clitoris ou frotter encore ici ou là... Mais chacun et chacune est une carte du tendre différente, à découvrir par soi-même et par l'autre, et surtout en guidant l'autre. En lui disant ce qui est voluptueux pour soi, et ce qui n'est pas agréable.

Faute de paroles, il y a beaucoup de malentendus.

Cet homme propose des gestes qui s'adressent à la zone génitale de sa compagne: peut-être manifeste-t-il ainsi qu'il souhaiterait qu'elle s'intéresse à ses organes génitaux à lui. Et cependant, elle lui caresse longuement la tête et le dos, effleure son oreille d'un doigt léger comme si elle lui disait: «Tu vois, c'est là que ce serait doux pour moi.»

Chacun dit à l'autre dans un langage indirect par où passerait la rencontre s'il était entendu.

Un homme raconte: «J'ai mis cinq ans à oser dire à mon amie que ce qu'elle me faisait n'était pas plaisant pour moi. Il arrivait qu'au sortir de ma douche elle vienne vers moi, dans un geste d'amour, avec une serviette. Elle se mettait à me frictionner, à me bouchonner avec énergie, persuadée que j'en étais heureux. Je voyais qu'elle avait tellement de plaisir à faire cela que je n'osais pas lui dire que je n'en avais pas.

«Ce n'est qu'au bout de cinq ans que j'ai trouvé le courage de lui dire: "Écoute, ce que j'aime, c'est comme ça, quand mon corps est épongé doucement, pas quand il est frictionné." Incrédule, elle s'est exclamée: "Et tu ne me l'as pas dit plus tôt!"»

Oser prendre la main de son partenaire et lui montrer où et comment c'est agréable ou excitant pour soi, l'initier, lui apprendre la géographie sensuelle de son corps, et se laisser guider par lui à la découverte de ses préférences.

Le toucher est un art à cultiver, autant dans son pôle actif que dans son aspect réceptif. Certains couples ne se touchent pas de la journée et font de la rencontre sexuelle le seul lieu de communication corporelle. Ils se privent des langages multiples d'une main posée un instant sur une nuque, d'une épaule frôlant celle de l'autre, d'un index suivant le contour d'une joue, d'un bras autour d'une taille...

Nos cinq sens nous offrent des gerbes de saveurs, de senteurs, d'images, de couleurs, de sons et de contacts. Si nous savons les accueillir librement, elles augmenteront notre capacité à transfigurer le réel, elles s'uniront en un sixième sens, le sens de l'émerveillement.

La rencontre amoureuse est une fête quand elle se vit dans l'étonnement, dans le surgissement de l'imprévisible, dans la réceptivité ouverte aux cadeaux de nos sens. Elle est le lieu de l'émerveillement; chaque fois différente, elle débouche sur l'inconnu de ce que nous ressentons et de ce que peut ressentir l'autre.

Toi, mon infinitude

Toi
mon désir-cri
mon regard-éveil
mon espace-ventre
mon envol-rencontre

Toi
mon désir-île
ma femme-vent
ma brisure-sel
ma nostalgie-sable

Toi
mon désir-pollen
mon plaisir-miel
ma tendresse-abeille
ma folie-soleil

Toi
mon désir-racine
mon regard-présence
ma main-silence
mon sexe-étoile

Toi
mon désir-germe
mon évidence-chair
mon instant-éclair
mon innocence-flamme

Toi
mon désir-gerbe
mes jambes-lierre
mon rire-ciel
mon abandon-lumière

Toi
mon désir-vendange
mes saisons-ivresse
mes matins-nus
ma vie-orange

Toi
mon désir-fleuve
ma passion-fleur
mes élans-terre
mon attente-bleue

Toi
mon désir-tout
ma caresse-océan
ma douceur-horizon
ma certitude-toi

Témoignages

Ma rencontre avec lui a bousculé tous mes schémas. Il m'a fait retrouver une enfant éblouie qui gardait les yeux ouverts sur ses rêves pour ne pas les perdre de vue. J'ai en moi cette conviction que je n'ai qu'à ouvrir ma main, qu'à étendre mon bras pour le toucher, qu'à tourner le soir mon regard vers le ciel pour me rappeler que dans la direction de Sirius, il y a notre étoile.

Ma peur de l'amour, envolée, mes insuffisances, oubliées, mes réserves et mes pudeurs, disparues.

Lui, il semble vivre sur un territoire sacré où la moindre rencontre se charge d'une énergie telle qu'elle m'emporte dans l'orage des sens.

Cela dure encore, ne se tarit pas. Je suis avec lui toujours en partance vers plus d'avenir.

***

Son agitation un peu désordonnée lorsqu'elle entrait dans le plaisir m'avait déconcerté au début. Cela ne correspondait pas du tout à l'image que j'avais d'elle. Ses râles profonds m'ont également troublé la première fois où je les ai entendus. J'étais étonné, ému d'avoir pu provoquer autant d'émoi, d'abandon, de non-retenue, cette intensité qu'elle avait dans l'amour comme si le reste du monde n'existait plus.

Tout au long de ma vie d'homme, j'ai recherché, suscité, écouté les balbutiements de l'émotion, des franges du plaisir au plein de la jouissance, avec une gravité et un respect que je ne me connais dans aucun autre domaine.

***

Je sentais de façon diffuse que je blessais mon mari en n'osant prendre son sexe dans ma bouche. C'était pourtant le seul sexe qui ne m'a jamais menacée. Je le trouvais beau, émouvant, plein de tendresse. Puis un jour, un vieux message de mon père est revenu à ma mémoire. Il parlait d'une nièce en disant: «Elle lui boufferait les couilles si elle pouvait, elle n'en a jamais assez.»

C'est ce «jamais assez» qui résonna longtemps. J'ai pris conscience que je m'étais identifiée à cette femme «vorace». Et soudain, je me souviens, un fou rire m'envahit, me secoua. Jamais je n'avais ri avec autant de plaisir. Le soir même sans confusion, sans honte avec une passion juvénile, j'avais près de trente-huit ans, j'ai bu le sperme de mon mari étonné. C'était bon, un goût légèrement acidulé ne ressemblant à aucun autre.

Auparavant, dans mes fantasmes, j'imaginais que je risquais de m'étrangler, de m'étouffer si je faisais cela... quelle aventure!

***

«Le contraire d'être seul, ce n'est pas être deux, c'est être intime», écrit Richard Bach.

Cette intimité, je l'ai découverte quand j'ai su m'abandonner, entrer dans la confiance de l'autre. Je sens cela par l'énergie nouvelle qui m'habite, par la douceur qui m'emplit.

***

Nous nous parlons, cela semble étonnant après dix ans de mariage. Bien sûr elle a commencé par me reprocher de ne pas avoir parlé plus tôt. «Ah! si tu m'avais dit cela avant...»

Oui, il m'a fallu tout ce temps pour me dire. C'est si bon que je n'en crois pas mes oreilles. Étonnement est un mot trop faible pour traduire l'ouverture incroyable qu'a pu susciter en elle, en moi, une parole vraie, respirée, offerte à l'écoute au-delà de toutes les réserves ou de tout jugement. J'ai une immense reconnaissance pour ceux qui m'ont aidé à accoucher de ma propre parole.

***

L'amour, d'une certaine façon, précède le langage des mots. Il existe bien avant la parole, dans l'expérience vécue et reçue d'une respiration, d'un regard, d'un toucher, d'une odeur. Il est inscrit en chacun de nous. Pour la plupart d'entre nous, l'amour naît du passage au froid, de cette plongée dans un univers froid à la sortie du vagin et de l'accueil dans le chaud du corps à corps, dans cette rencontre avec la mère ou avec un substitut de mère.

Séparation et rencontre ou, comme le dit Edgar Morin, «l'union dans la séparation, la séparation dans l'union, c'est cela qui va caractériser l'amour».

Et cette relation unique, intense, affective et vitale va se prolonger comme attente, comme recherche ou comme refus, tout au long de la vie.

***

Le besoin des mots, de mise en paroles est important en moi.

Je me suis souvent interrogée sur la mystérieuse quête chez la femme de la parole de l'homme. Quête d'une confirmation, d'une reconnaissance. Quête d'une parole pluie qui invite à croître, qui me rejoint là où je suis, qui met en mouvement mes ressources. Quête d'une parole qui m'invite à vivre au grand large de mes enthousiasmes.

Quand je sors de cette quête, j'entre dans l'accueil de ce qu'il est. Quand je ne suis plus cette femme en quête d'une parole sublime pour moi, mais à l'écoute d'une parole de lui, sur lui, une parole d'homme.

***

Je suis mariée depuis vingt-trois ans, et en difficulté dans la relation sexuelle. Durant une longue période, j'ai eu le sentiment que c'était ma faute. Mon mari était éjaculateur précoce. Il y a trois ans, j'ai refusé la relation trop insatisfaisante pour moi en lui lançant l'injonction: «Je ne veux plus que tu me touches.»

Pendant trois ans, ce fut une guerre, lui voulant me forcer, moi refusant. Il y a quelque temps, j'ai décidé de faire quelque chose pour moi.

Je me suis confectionné un pyjama combinaison avec l'inscription en lettres fluorescentes: «Je ne souhaite pas être touchée par toi, c'est trop douloureux pour moi.»

Huit jours, après il alla consulter un médecin sexologue. Il commençait à faire quelque chose pour lui. J'avais déjà lu cette phrase qui m'avait révoltée à l'époque: «Oser faire pour soi afin de permettre à chacun de faire pour lui-même.»

***

Mes sens ne grandissaient pas avec moi. Ils somnolaient tout au fond, ne faisaient pas surface. Ils me faisaient le coup de la Belle au Bois Dormant; ils attendaient, naïfs et incrédules, le chevalier.

Quelques bulles parfois sourçaient du tréfonds, tressaillements imprévus qui avaient des goûts de tempête. Je rentrais au port agitée d'inquiétudes. Mais mes sens avaient de la constance, ils cherchèrent des alliés, d'autres sens, d'autres odeurs.

Tout se déclencha, c'est bête de le dire et fabuleux de le vivre, avec un parfum.

Jusqu'à trente ans, je ne m'autorisais que des eaux de toilette. De toilette comme pour cacher de mauvaises odeurs. Je découvrais soudain que je n'avais jamais su m'offrir un parfum. Mes sens se parfumèrent, se dilatèrent. Dire qu'ils s'éveillèrent est injuste, ils s'imposèrent, majeurs.

***

C'était quand j'étais le plus près d'elle qu'elle me manquait le plus.

Je n'ai jamais su dire exactement ce qui me manquait, son corps était là, son regard qui ne demandait rien aussi, ses gestes offerts, son odeur, son abandon. Et cependant l'essentiel était absent. Sa parole peut-être, des mots pour lier ensemble nos élans? Oui, des mots pour donner sens à la rencontre.

* * *

La mère de mon père, je ne l'ai jamais appelée ma grand-mère, elle avait été déchue de ses droits, car elle avait quitté son mari en «abandonnant» ses enfants, comme il avait été dit à l'époque. Le message que mon père avait ainsi reçu était: «Une femme peut toujours vous tromper car elle peut être séduite...»

Il interdisait à ma mère et à moi-même de montrer quoi que ce soit de notre corps (gorge, cuisses); nous devions nous habiller avec des tenues strictes, austères et décourageantes pour les «entreprises de séduction»; le corps devait être caché et surtout ne pas devenir un objet de désir.

Je me suis développée dans une dynamique d'intellectualisation. «L'intellectuelle» était mon surnom, et je prétendais partout que les «choses du sexe» ne m'intéressaient pas.

J'ai découvert mon corps à cinquante-deux ans avec un homme de quarante ans.

Je ne suis plus une intellectuelle, mais seulement une femme intelligemment vivante...

* * *

Mon amour ne se régénère pas de lui-même, il a besoin de soins, d'intimité et d'une qualité de communication spécifique.

Le soin qui me paraît le plus essentiel à lui donner, c'est le tête-à-tête, sans écran, sans intermédiaire. Le fait d'être là, seulement pour l'autre. Regarder, se laisser regarder, se toucher sans s'approprier et surtout respirer. Ça, c'est un langage fabuleux, la respiration. S'entendre respirer et se laisser bercer dans la respiration de l'autre... Ce n'est que tout récemment que j'ai entendu l'amour comme une énergie. Je devenais plus chaud, plus intense et autour de moi, les objets et les êtres prenaient aussi une couleur plus vive.

***

C'est ma femme qui m'a tout appris des gestes de l'amour. En arrivant dans le mariage j'étais vierge, même si je ne l'étais plus. J'avais baisé pendant le service militaire et je n'avais pas dissocié cette activité de tout ce que j'avais appris durant mes classes! Elle m'a appris à me laver. J'ose le dire avec simplicité, je me lavais à minimum. Elle m'a appris à oser la nudité. Elle m'a fait découvrir des gestes inconnus que je n'avais jamais faits. Des gestes dont j'ignorais l'existence même.

La rencontre avec mon propre corps fut un éblouissement, je découvrais des choses insoupçonnées. Elle m'a appris le sien, son corps à elle, bien plus tard quand je fus rassasié du mien. De cela, je n'ai parlé à personne.

***

Après avoir rencontré mon amour, mon amant, je ne me douche pas pendant deux ou trois jours. Je veux garder son odeur sur moi, en moi. Je garde sa vie dans mon ventre, c'est comme cela que j'appelle son sperme.

En amour, le mot sale n'existe pas. J'ai découvert son parfum et les jours où je ne le rencontre pas, je me parfume de lui. Hier soir, après notre séparation, j'ai pleuré. Des sanglots venus de mes sept ans. Chaque fois que mon père quittait la table, je me précipitais à sa place, le derrière lové sur la paille encore chaude de la chaise, le dos bien droit, les yeux fermés, aspirant de toutes mes forces les particules persistantes de ses odeurs multiples: tabac, sueur, goudron, savon et quelque chose d'indéfinissable, de pimenté et d'aigre. Cet indéfinissable n'existait que le dimanche. Plus tard, j'ai su, c'était l'odeur «du jour de l'amour». Mon père et ma mère faisaient l'amour le dimanche matin.

La vie n'en finit pas de m'étonner.

***

Il y a tant de vêtements antirelationnels. Quand elle arrive, je cherche immédiatement le contact de sa peau sous la robe, sous le corsage.

Et elle, elle dénude un peu de ma poitrine, de mon ventre ou de mon dos pour déposer l'accueil de sa main. C'est le toucher qui reste essentiel dans nos retrouvailles et nos rencontres.

Nous avons inventé les «poches relationnelles», elle dans ses jupes ou ses robes, moi dans mes pantalons. Une poche ouverte permettant le contact direct, instantané avec son ventre, ses cuisses, son sexe, avec mon ventre, mes cuisses, mon sexe. Tout cela avec un rire.

***

Un regard, c'est une offrande de reconnaissance au monde. Ma fille, quand elle commençait à faire du vélo, me disait souvent: «Maman, regarde, regarde-moi...» Je ne voyais rien sinon un vélo qui vacillait ou qui allait trop vite. Je ne voyais pas qu'elle avait besoin de mon regard, de mon seul regard, pas d'un mot, ni d'un sourire.

Dans l'amour, je lui dis souvent: «Regarde, regarde-moi.» Les mêmes mots, la même attente. Me faire exister.

***

VIII

Langage du corps

Toute la vie sexuelle tente de s'incarner, de trouver son apogée dans la rencontre physique, dans les gammes passionnées, pathétiques ou timides d'un corps à corps éphémère ou durable.

L'amour physique semble en difficulté aujourd'hui; le nombre des insatisfaits augmente parmi les hommes comme parmi les femmes. C'est presque devenu une sorte de gageure que de réussir la rencontre, car le corps ne se commande pas, même quand il est asservi; il ne se libère pas toujours, même quand il est libre; il reste pour beaucoup un mystère. D'abord pour soi-même, puis pour l'autre.

Ce corps si valorisé dans notre culture est maltraité de façon ahurissante par beaucoup d'hommes et de femmes. Non seulement sur le plan du rythme de vie, mais aussi sur celui du nourrissement, des soins élémentaires. Le corps s'endort de fatigue, s'anesthésie de barbituriques, se console sans se satisfaire d'une rencontre «vite fait, pas très bien fait».

«Je ne veux pas, mais il veut, il insiste, alors j'accepte, je cède pour que ce soit vite fini. J'ai payé le droit d'entrée dans mon sommeil... D'autres fois, je le préviens dès le retour du travail. J'annonce tout de suite: "Je ne sais pas ce que j'ai, je ne suis pas bien, je vais me coucher tôt."»

«J'ai très envie d'elle, je sens son accord, mais je n'insiste pas, je ne veux pas être perçu comme un dragon ou un obsédé...»

Au début d'une relation, les gestes du corps sont chargés de beaucoup d'interdits, de menaces, de dangers, avant de s'incarner comme porteurs de possibles.

«Elle m'avait averti lors de notre première rencontre: "Il y en a qui pensent tout de suite à faire l'amour, moi je suis persuadée que la sexualité peut se vivre sur beaucoup d'autres plans..."
«Alors j'ai tenté de vivre durant plusieurs mois la sexualité sur... tous les autres plans, je n'osais pas la toucher, attendant qu'elle fasse les premiers pas. Elle m'a dit plus tard que jamais elle n'aurait fait les premiers gestes de peur d'être vue comme une fille facile, car "une femme qui se respecte ne couche pas tout de suite...".»

S'approcher, toucher, donner, accueillir, s'amplifier, autant de langages avec leurs codes implicites qui renvoient chacun à son histoire corporelle, à ses valorisations ou à ses disqualifications. Pour chaque enfant, les temps de la toilette et des soins du corps ont été l'occasion d'engranger des messages qui le poursuivront une grande partie de sa vie.

«Je n'ai jamais osé lui dire, même après vingt ans de mariage, que j'aimerais faire des choses. Des choses avec elle que je ne sais même pas nommer. Que j'attends des gestes de sa part, des initiatives, des souhaits. Je vis ainsi dans la mythologie d'une spontanéité corporelle, d'une improvisation et d'un accord qui nous combleraient l'un et l'autre. J'en suis toujours à attendre une sorte de miracle où son corps à elle autoriserait le mien...»

La rencontre des corps est possible quand chacun accepte de montrer à l'autre où et comment c'est bon pour lui.

Lorsque chacun accepte de dévoiler sa fragilité et sa vulnérabilité ainsi que l'intimité de son ignorance de l'autre et de soi.

> «J'ai tout appris de moi avec ses gestes à elle.»

Le corps, formidable émetteur et puissant réceptacle, a besoin d'apprivoisement, de confiance et surtout de sécurité.

> «Quand je te dis "je t'aime", je veux vivre à la fois ma tendresse, mon émotion, et mon enthousiasme pour tes épaules, pour tes bras, pour ton ventre ou tes cuisses...»

La parole libre sur le corps est rare, précieuse, elle est chantée par les poètes, elle est murmurée par tous ceux qui se cherchent, se perdent ou se rencontrent.

Le plus beau des cadeaux d'amour que nous puissions faire à notre partenaire, c'est l'offrande de la liberté de notre corps, quand nous le lui proposons entier, abandonné, dégagé de ses retenues, quand nous lui permettons de le découvrir à sa guise, de s'éblouir de l'intime de l'autre et de soi révélé dans le donner et le recevoir.

Mais notre volonté a peu d'impact sur cette liberté-là, qui est de l'ordre du lâcher prise et de l'apprivoisement. Liberté qui relève parfois d'un long et patient apprentissage: la conscience et l'attention bienveillante portées à son propre corps ouvre ses sensibilités et adoucit ses tensions.

Nous serions effarés si nous faisions le compte de toutes les réticences et limitations que nous imposons à notre corps, si nous étions conscients de la méconnaissance de ses potentialités dans laquelle nous sommes enfermés.

L'attirance et la communication sexuelles sont la rencontre de deux énergies polarisées qui s'amplifient et se complètent. Notre corps est un récepteur plus sophistiqué qu'un radar pour capter les signes infimes qui vont l'ouvrir ou le paralyser, signaux d'éveil ou d'alarme et de refus.

Comment proposons-nous notre corps à l'autre? Comment est-il reçu? Comment accueillons-nous le sien? De quels rituels avons-nous besoin?

Il n'y a pas de domaine ou l'interdépendance de l'offre et de la réponse soit aussi forte et fragile que dans les échanges corporels amoureux. Dès que l'accord et l'ajustement de l'un à l'autre se déséquilibrent, il y a malaise, fermeture, ou violence intérieure.

Au mouvement de l'autre vers nous, nous avons au moins quatre possibilités de réponse:

- nous pouvons simplement l'accueillir, le sentir venir à notre rencontre, lui offrir l'écoute de notre corps, nous abandonner au contact;
- nous pouvons, par notre réponse, amplifier ce qui vient de lui;
- nous pouvons encore nous approprier son initiative et envahir son espace en nous emparant du rôle actif;
- nous pouvons aussi rejeter ou nier la proposition gestuelle par une dérobade, une sorte de retrait, même sans bouger.

Chaque tentative d'inscrire l'esprit et la beauté dans une matérialisation se heurte à la résistance du matériau, à des difficultés techniques, tout artiste vous le dira. Il vous dira aussi la douleur du décalage entre inspiration et réalisation, de la faille entre intention et résultat. Il vous parlera encore de l'importance de perfectionner le métier qui sous-tend l'œuvre.

Les actes d'amour de même peuvent rencontrer des obstacles physiques, connaître des pannes, des complications anatomiques et buter sur les limites de la malléabilité du matériau corporel. L'art des positions n'est pas inné; l'entraînement, l'expérience et les connaissances bien intégrées deviennent sources de spontanéité.

Même l'amour le plus romanesque n'exclut pas toujours les crampes, les fourmis, le désagrément d'une transpiration soudaine, l'assèchement inopiné, la douleur d'un bras coincé ou l'inconfort d'un poids écrasant.

Là encore, n'endurons pas en silence de peur de rompre le charme pour l'autre. Osons dire, rire, et chercher ensemble des aménagements.

«J'étouffe quand tu ne te soutiens pas avec les coudes.»

«J'ai l'impression d'avoir un bras de trop, je ne sais pas où le placer.»

«Ah! si j'avais un troisième bras, je pourrais vraiment te caresser et agrandir ton corps!»

C'est la méconnaissance du corps de l'autre et du sien propre qui préside aux maladresses, et c'est le silence qui les renforce. Faire l'amour est un apprentissage jamais totalement acquis, et le seul guide possible sera le partenaire. Qu'il m'apprenne son corps avec ses cycles, ses variations, ses états multiples, que je lui apprenne le mien dans ses mouvances. Ce qui était bon pour moi hier ne l'est peut-être pas aujourd'hui.

Que de croyances, de généralisations abusives et de stéréotypes nous avons à lâcher avant d'être réceptifs à la découverte particulière de ce qui se vit maintenant, dans la singularité du moment de cette rencontre-là!

Certains hommes ont le sentiment qu'ils devraient toujours pouvoir être au garde-à-vous.

«Quand mon érection fait défaut, j'imagine tout de suite que je ne la retrouverai jamais.»

D'autres sont persuadés qu'ils doivent s'agiter, alors que ce soir-là justement, le plaisir naissait chez la femme dans une sorte d'immobilité qui aurait voulu être enveloppée dans la présence attentive et l'intensité de l'écoute de l'amant.

L'essentiel sera de ne pas laisser croire à l'autre qu'il sait, lui, ce qui est bon pour moi. De ne jamais autoriser le partenaire à faire des gestes que je ne reçois pas bien, même si d'autres fois, je les ai accueillis avec plaisir. Chaque rencontre est à réinventer avec la sensibilité d'aujourd'hui, avec les états d'âme actuels des corps.

Chacun peut avoir des zones interdites ou occultées dans l'image de son corps, et d'autres parties valorisées et ensoleillées. Chacun peut vivre des intolérances à certaines pratiques, à certains gestes, la normalité étant dans ce domaine une notion très subjective.

Tout refus peut devenir communication s'il s'accompagne de l'expression du ressenti, et parfois même de l'évocation des résonances liées à des situations du passé.

> «Quand tu m'embrasses sur la bouche dans ce moment où mon cœur cogne et ma respiration s'accélère, je suis prise d'angoisse. Je retrouve mes impressions d'enfant lorsque mon frère aîné jouait à me coincer sous le duvet et que j'avais réellement peur de mourir.»

Rappelons que le corps parle fort, qu'il est susceptible de se révolter par une mise en maux quand il ne se sent pas entendu.

Beaucoup de cystites, d'infections vaginales, d'herpès, de condylomes, ont pour origine un conflit intrapersonnel.

> «Je l'ai laissé toucher mon corps alors que je n'en avais pas envie.»

> «J'ai accepté de faire l'amour pour ne pas lui faire de la peine.»

> «Je m'oblige à lui embrasser le sexe alors que je déteste cela...»

Ce corps vigilant, fantastique véhicule, réceptacle et amplificateur de l'amour, en est en quelque sorte le garant fidèle. Il peut se dérober et se blesser, ou chanter et glorifier la rencontre.

Acceptons de l'écouter et de l'entendre pour qu'il puisse continuer à nous étonner.

Je balbutie mes abandons

Avec toi, j'ai découvert l'abandon,
j'ai entendu l'abandon-liberté
venu du plus profond de mon être.
J'ai appris l'abandon-amour,
dont les sources et l'abondance me remplissent.
Avec toi encore, j'ai reçu l'abandon-paix
qui unifie mon corps, mon cœur et ma tête.
Je me suis ouvert à l'abandon-jouissance
qui sacralise mon ventre.
Je recentre mes pensées,
chante mes sentiments,
et surtout amplifie chaque parcelle de mes relations
et me relie ainsi à l'entier de l'univers.
Avec toi, j'ai ouvert l'abandon-espace,
et rejoint l'ultime de l'horizon.
Avec toi toujours, l'abandon-infini
pour reculer plus loin mes limites.
Et au-delà encore, toujours avec toi,
plus loin que le ciel
je suis devenu amour.
Dans cette liberté d'être, j'ai approché
et retrouvé le divin en moi.
Oui tout est là,
en moi lorsque j'abandonne mes luttes stériles,
mes quêtes vaines, mes recherches perdues,
et que j'ose le présent.
Avec toi proche.
Dans l'abandon-écoute de toi, au plus près,
émerveillé, cette amplitude inouïe, ce soleil révélé,
Toi.

Témoignages

Durant des années, j'ai fermé mes cuisses. J'avais les jambes si serrées qu'il ne pouvait pas introduire sa main pour une caresse, et encore moins son pénis. C'était instinctif, dès qu'il s'approchait, je fermais tout le bas de mon corps. Mes gestes, ma poitrine, ma bouche restaient très actifs, mais pas le bas.

Puis j'ai rencontré un autre homme qui m'a chuchoté: «laisse entrer le soleil, simplement le soleil» seulement ces mots-là, et je me suis ouverte. Cela m'a paru injuste pour mon mari qui avait été si attentif, si patient, si prévenant. Cela reste incompréhensible pour moi.

***

Certains de ses gestes me paraissaient miraculeux. Sa main sur ma cuisse, sur ma joue. La prévenance d'une caresse, le précieux d'une attention proche dont j'étais le destinataire.

Ce qui me paraissait inouï, c'est que ce soit moi justement qui en soit l'objet. J'avais longtemps pensé que tout cela n'était pas pour moi, avec une double défense: soit je n'en étais pas digne, soit ça ne m'intéressait pas.

Avec elle, j'ai découvert l'éblouissement de la spontanéité, et du geste gratuit, l'étonnement d'être désiré et reconnu comme bon.

Ce besoin de reconnaissance, je l'ai porté longtemps en moi, besoin impérieux et caché en même temps. Avec elle, j'étais comblé.

Cette femme m'habite, je la laisse pénétrer dans chacune de mes cellules et j'ai un immense sentiment de gratitude pour tous les dons qu'elle m'a offerts.

***

La petite fille de dix ans que j'étais avait découvert aux toilettes qu'elle avait une deuxième langue en bas, et cette révélation m'avait procuré une jubilation incroyable. J'avais voulu annoncer tout de suite cette découverte à ma mère: «Maman, j'ai deux langues.» «Comment ça deux langues?» «Eh oui, j'ai aussi une petite en bas» ai-je dit fièrement. «Qu'est-ce que tu racontes là! Ça ne va pas?»

C'est ainsi que je me suis mise à douter de mes propres perceptions, je ne savais plus à qui faire confiance: à moi-même, ou à ma mère?

Je savais bien moi que j'avais deux langues, et pour m'en convaincre, je touchais simultanément celle du haut et celle du bas. Mais le déni de ma mère dut être suffisamment fort pour m'en faire perdre la mémoire, et ce n'est que des années plus tard que j'ai retrouvé le souvenir de la découverte de cette petite langue.

* * *

J'avais douze ans, et j'étais très amoureux de ma cousine qui en avait treize. Amoureux transi, c'est-à-dire en état de choc, quasiment tétanisé chaque fois que je la voyais. Son frère de quatorze ans avait dû remarquer mon état, car un jour de vacances il me proposa «de faire avec lui ce que j'aimerais faire avec sa sœur».

Je ne savais pas moi-même ce que j'aurais aimé faire avec sa sœur. Il m'expliqua que c'était à moi de l'embrasser sur la bouche, en précisant que je devais garder les lèvres ouvertes, et il me montrait sur lui-même comment je devais faire. Les leçons se succédèrent régulièrement et fréquemment, toujours sous le prétexte de «comment je devais m'y prendre avec sa sœur». Il m'expliqua comment fermer les yeux, comment prendre sa tête entre mes mains, comment lui caresser la poitrine, et bientôt comment lui caresser le sexe. Cela dura plusieurs semaines, peut-être plusieurs mois, car il y avait tous les jours un détail nouveau, un geste à peaufiner, une zone à découvrir.

Un jour, il dirigea ma main vers son anus, et ce fut trop. À partir de là, je refusai de jouer avec mon cousin, en éprou-

vant un sentiment d'amertume incroyable, car il était quelqu'un que j'avais beaucoup admiré. Entre-temps j'avais découvert que ma cousine était devenue totalement inintéres-
sante pour moi, comme si j'avais épuisé dans cette initiation
laborieuse avec mon cousin tous les mystères et les possibles
de la sexualité. Je garde beaucoup de ressentiment contre ce
cousin, car j'ai la sensation qu'il m'a volé, qu'il m'a dépossédé à
la fois de ma propre initiation et de mes découvertes.

J'en garde des traces dans ma vie amoureuse actuelle. Sitôt le temps de la rencontre dépassé, la relation me semble
fade, sans goût, je perds l'appétence sexuelle, et mes relations
se détériorent très vite.

***

Mes kilos en trop sont l'interdit que je me mets pour ne
pas avoir une relation avec un homme. Seule une femme
peut m'aimer avec tous mes kilos, ai-je pensé jusqu'à ce jour.
Ma mère me disait: «Si tu ne maigris pas, tu ne pourras pas
avoir de relations masculines.»

En fait, je me laisse aimer par les femmes. Je n'ai eu de
relation depuis quinze ans qu'avec des femmes, et je ne me
sens pas homosexuelle. Je me laisse aimer sans aimer, car
mon besoin d'être reconnue est le plus fort. Mon corps
s'apaise, devient beau et lumineux dans les bras d'une
femme, mais je sais que mon désir est ailleurs.

***

«Il faut lui mettre un soutien-gorge, c'est ma sœur qui le
disait, c'est indispensable!»

Doucement, doucement, attendez, pas si vite! Quelle
précipitation! Je n'ai même pas eu le temps d'habiter ces
seins nouveaux! Faut-il déjà les enfermer?

Je n'ai pas eu le temps d'avoir envie d'un soutien-gorge
en dentelle, en satin, ou en «peau d'ange». Je n'ai pas le choix,
je dois mettre celui-là, celui qui est trop petit pour ma sœur.

Le soutien-gorge me coupe la respiration, me gêne et
puis il montre trop mes seins. Je ne vois pas à quoi ça sert,

mais apparemment, ça ne se discute pas!... Aussitôt nés, mes seins nouveaux sont clôturés, prisonniers, cachés et montrés, retranchés au toucher, interdits d'intimité.

Et puis rapidement, car tout va trop vite à cet âge, mes épaules se projetteront en avant pour mieux dissimuler ma poitrine puisqu'il ne faut pas la montrer!

On me dit: «Redresse-toi!» «Tiens-toi droite!» On me fera faire de la gymnastique corrective.

Bien plus tard. Un jour... jour de soleil, je me suis redressée. J'ai ôté mes vêtements, quitté le soutien-gorge du jour. J'ai dansé seule, nue, pour le seul plaisir d'être, emportée dans le rythme prégnant du *Boléro* de Maurice Ravel, spirale sans fin, chaque fois plus intense et plus éclatante, tels les cycles, les années et les temps de ma vie.

***

J'ai neuf ou dix ans et je suis invitée par une tante pour quelques jours de vacances. Pour des questions de place, je devais dormir avec une copine plus âgée de trois ou quatre ans. Sitôt la lumière éteinte, elle s'est approchée de moi, et m'a caressée; la pénombre était douce, non menaçante. Je me suis laissée faire pour voir, par curiosité, j'étais vraiment passive. Elle m'a dit «je suis le docteur» et elle m'a mis un stylo dans la vulve. En ressortant le stylo, le capuchon est resté coincé dans mon sexe.

Pendant une partie de la nuit, j'imaginais que le capuchon allait remonter dans mon ventre et qu'il faudrait m'opérer. Ce qui me terrorisait, c'était d'avoir à le dire. Dire quoi? Comment le capuchon était arrivé dans mon sexe? Douleur, honte, peur, humiliation se mêlaient.

Ma cousine cherchait elle aussi désespérément, en plongeant le manche d'une cuillère dans mon sexe, à récupérer le capuchon du stylo. Enfin le capuchon est sorti, comme ça d'un coup.

J'ai entièrement oublié cet épisode de mon enfance... jusqu'à quarante-cinq ans! C'est à cet âge que j'ai retrouvé toute l'acuité de cet événement et que je l'ai relié à mes difficultés à laisser s'introduire un sexe en moi. Jusqu'alors j'avais mal, c'était dangereux… Je suis ébahie de la force de nos impressions d'enfant. Depuis que j'ai retrouvé l'émotion de cet épisode, je n'ai plus mal au moment de l'intromission, j'ai retrouvé une légèreté, une joyeuseté d'avant.

* * *

C'est Annie Leclerc, dans *Paroles de femmes,* qui a écrit: «Ils ont inventé toute la sexualité sur le silence de la nôtre.»

Cela a été vrai pour moi, ce silence a duré trente-huit ans. C'est long. Et je ne crois plus aujourd'hui que cela fut nécessaire.

Je sais maintenant que mon corps a besoin de mots pour se dire et être entendu. De mots dont la banalité m'aurait fait rougir à vingt ans. Âge où je croyais qu'il ne fallait dire que des choses intelligentes, choisies, précieuses et rares, surtout rares. Des phrases que personne n'auraient pu dire avant moi. Des mots et des phrases uniques étaient seuls capables d'ouvrir l'intérêt et le cœur de l'autre.

Je découvre le formidable pouvoir des mots «bécassons», comme je les appelle affectueusement aujourd'hui. Petites phrases proposées, offertes, carte de visite pour l'entrée dans le corporel.

Ne croyez pas qu'il s'agit de mots pour ne rien dire, il s'agit bien de dire pour ouvrir, pour accéder à tous les autres langages.

* * *

Je croyais que l'intimité c'était justement l'absence d'intimité. Chez nous, tout était ouvert, la salle de bain, les toilettes, les chambres; on se promenait tout nus dans l'appartement.

C'est la cadette qui commença à réclamer la salle de bain pour elle toute seule et un verrou aux toilettes. Devant notre étonnement, nos plaisanteries et nos résistances, elle hurla un jour: «Vous croyez que c'est marrant de vous voir chier!»

C'est elle qui nous a appris l'intimité, la création d'un espace de sécurité et cela coïncida avec la découverte du plaisir chez moi. Comme si mon corps avait eu besoin de cette marque de respect.

***

Son corps me renvoie au corps de ma mère à la fois si proche et si inaccessible.

Tout petit un soir où maman pleurait doucement, d'un chagrin auquel je n'avais pas accès, j'ai glissé ma main sous son corsage, je voulais toucher ses seins pour voir si elle respirait encore, car c'est avec sa poitrine que je la voyais respirer. Elle s'est redressée d'un coup, ses pleurs ont séché en un instant, sa voix glaciale, rejetante, a sifflé: «Qu'est-ce que tu fais là?» J'ai entendu ce jour-là qu'il y avait en moi quelque chose de dégoûtant.

***

Mes vagues à l'âme et mes maux de cœur se transforment chez moi en violences physiques. J'ai le corps en haut-parleur dès que je dérape dans mes sentiments: boulimie galopante, éruptions foudroyantes, saignements, infection vaginale et bien d'autres encore.

Quand j'ai bu, pour la première fois, le sperme de l'homme que j'aimais et qui n'était pas mon mari, une infection titanesque, je veux dire trop gigantesque pour ma bouche, a ravagé pendant trois jours mon palais. Jamais je n'avais eu de somatisation là. J'avais trouvé ce sperme bon, à ma grande surprise. Jamais je n'avais fait cela.

J'ai pleuré de solitude, je n'avais personne à qui parler de cela et en même temps je restais émerveillée de la vie. Stupéfaite de l'incroyable complicité de mon corps. J'entendais qu'il me disait ainsi: «La liberté n'est jamais donnée, elle se conquiert à chaque instant.»

***

Quand je dis à mes amies que j'ai découvert mes seins en faisant la vaisselle, elles rient et se moquent gentiment de moi. C'est vrai pourtant.

Un midi, mon mari a surgi dans la cuisine, me surprenant dans cette joyeuse occupation. Il s'est collé à moi, sans un mot au début, et je me souviens encore de la phrase qui montait à mes lèvres: «Tu ferais mieux de m'aider, au lieu de me retarder...»

J'avais lu que le «tu» d'injonction, la relation klaxon ne favorisait pas les échanges. J'ai retenu mes mots. À travers le tissu, il m'a touchée doucement, pleinement, chuchotant: «Je ne sais qui j'aime le plus, eux ou toi?»

Paroles malheureuses, ridicules, qui, quelques mois auparavant, m'auraient bloquée. Paroles merveilleuses, tout à fait adaptées à la rondeur de ma poitrine, ce jour-là.

C'est ce jour que leur sensibilité s'est manifestée. Ils participent depuis à tous nos ébats. Seule, la vaisselle reste une corvée, quand il n'est pas là.

***

IX

Langage du plaisir

L'expression «faire l'amour» est décriée par certains: ils se fixent sur le mot «faire», et voient dans ce terme une réduction du mystère de l'amour à une machinerie instrumentale.

Cette expression pourtant reflète le miracle d'une incarnation: inscrire l'invisible, le subtil et le transcendant dans le charnel, dans la matière.

L'acte d'amour est le point de rencontre de l'ineffable et de la concrétude physique. Il est accord du geste et du verbe, manifestation qui donne corps aux sentiments, qui insère l'état d'«être amoureux» dans un faire.

Il n'est pas étonnant que cette tentative paradoxale et essentielle, celle de réaliser la compénétration de la chair et de l'esprit, représente un enjeu central et une recherche tâtonnante pour chacun: elle rejoint le sens de la vie humaine, qui est de relier le ciel à la terre et la terre au ciel.

Pas étonnant que cet acte soit un lieu de décalages, de dérapages, de dilemmes éthiques et personnels insolubles. Ni qu'il soit source de déséquilibres et de bouleversements vitaux, de renaissances et de transformations. Ni encore qu'il puisse susciter des perversions ou des aberrations idéologiques qui clivent l'angélique et le charnel, qui militent pour une banalisation désacralisée et quasi hygiénique ou pour un ascétisme désincarné.

Dévalorisation du plaisir

Le plaisir dans notre culture est devenu le creuset où viennent se déposer beaucoup de nos contradictions.

Au niveau le plus apparent, le plaisir paraît valorisé, recherché, voire idéalisé dans notre société. On nous propose un nombre incalculable d'activités économiques, culturelles et sociales pour un mieux-être, pour une augmentation du plaisir. Toute publicité vante les vertus du confort, de l'agrément, des sensations délicieuses, de la facilité et de la satisfaction voluptueuse, même s'il s'agit de lessives ou de tondeuses à gazon.

À un niveau plus subtil, intime, familial, il nous a semblé que le plaisir faisait l'objet de beaucoup de censures, qu'il était vu souvent comme un danger. Oser témoigner du plaisir pris, du plaisir partagé paraît difficile. Il semble plus aisé d'évoquer les obligations, les contraintes, le mérite de l'effort; il est plus courant de faire valoir et de reconnaître la difficulté, la peine et le devoir laborieux. Cette occultation familiale du plaisir se manifeste particulièrement dès qu'il s'agit d'érotisme sexualisé. Elle est certainement liée à l'incompatibilité du lien parental avec l'érotisme amoureux. Incompatibilité qui peut être une des causes des difficultés sexuelles dans un couple après l'arrivée du premier enfant: l'homme, l'ami, le mari est devenu soudain un père et la femme, de façon si ostensible, une mère. Ce qui était leur chambre à coucher s'est transformée en chambre des parents.

> Conversation au petit déjeuner. Une petite fille s'adresse à son père:
> — Qu'est-ce que tu faisais ce matin dans la chambre avec maman?
> — Je ne sais pas, je dormais.
> — Non, non je vous ai entendus, ça faisait du bruit.
> La mère prend alors le relais:
> — Ce que je faisais avec mon mari? Je l'embrassais, il me caressait, on se faisait plein de baisers partout.

— Partout?

— Oui, partout où c'est bon.

— Ah bon!

L'échange s'arrête là.

S'il est important que les parents protègent leur intimité, ne la dévoilent pas et ne la galvaudent pas, il nous paraît tout aussi essentiel qu'ils puissent témoigner du plaisir offert et reçu. Qu'ils osent se sourire, se regarder et se toucher devant leurs enfants, qu'ils leur fassent l'inestimable cadeau de l'image d'une énergie heureuse — quand elle est là — circulant entre un homme et une femme.

Nous entendons souvent des adultes dire: «Je veux le bonheur de mes enfants ou de mes proches.» Mais nous ne les voyons jamais énoncer: «Je veux qu'ils aient le plus de plaisir possible.»

En famille, le plaisir est caché et peu valorisé. À l'enfant qui part pour son match de football, il est recommandé: «Tu feras attention à ne pas te faire de mal comme la dernière fois…», et non pas: «J'espère que tu auras beaucoup de plaisir durant ton match.»

À l'adolescente qui s'en va en voyage, il est proposé d'être prudente, méfiante, il lui sera rarement offert de vivre le plus de plaisir possible dans ses découvertes.

Le plaisir fait l'objet d'une censure implicite: les mots se dérobent pour le reconnaître, pour le nommer. Il n'est pas magnifié par un intérêt manifesté.

«Quand ma fille m'a annoncé qu'elle fréquentait David, je me suis aussitôt interrogé sur la fiabilité, sur le sérieux et même sur l'avenir potentiel de ce garçon. Il ne me venait pas à l'idée de souhaiter à ma fille bien-être, confiance, plaisir, rire.»

Ce père par contre déclare que le seul conseil qu'il ait donné à ses enfants, conseil qu'ils n'ont d'ailleurs pas toujours suivi, a été: «Choisissez de préférence un partenaire qui vous fasse rire, dont la joyeuseté soit une des richesses…»

Dans les couples, dans les rencontres amoureuses, la recherche du plaisir n'est pas toujours bien vue. Oser dire à sa partenaire «Je te vois pour le plaisir», est souvent entendu comme une disqualification. Faudrait-il lui dire «Je suis avec toi par déplaisir»?

La rencontre amoureuse voudrait privilégier les sentiments à l'intérieur de cette unique équation relationnelle: «Je suis avec toi parce que je t'aime et parce que je me sens aimé.»

Dire: «Je me sens bien avec toi, le plaisir que j'ai est super», sera considéré comme nettement insuffisant et même comme suspect. Pour beaucoup, le plaisir sexuel recherché ne doit surtout pas s'annoncer comme prioritaire. Être vu comme «partenaire de plaisir» paraît dégradant, à la limite de la perversion. Et c'est vrai qu'il faut être vigilant, sinon exigeant, pour ne pas s'enfermer ou se laisser coincer dans la seule génitalité, pour vivre le plaisir comme un soleil dont les planètes satellites s'appellent génitalité, sexualité, sensualité, tendresse...

Missions, croyances et responsabilité

Il y a beaucoup de croyances contraignantes autour du plaisir à donner, à avoir, à montrer. Certains partenaires se donnent des missions qui prennent forme d'exigences ou d'accusations: «Donne-moi du plaisir.» Ils oublient que l'espace de la sensualité est suffisamment ouvert pour que le plaisir s'invente différemment pour chacun.

Chacun est responsable de la recherche de son propre plaisir, responsable d'orienter l'autre, de guider sa main, de l'initier, de lui faire des demandes.

> «Mon plaisir émane de moi, c'est moi qui me
> l'offre, et je le partage. C'est moi qui accepte de me
> le donner grâce à lui.»

Cette position nous oblige à renoncer à la déresponsabilisation qui consiste à mettre l'autre en cause, à lui faire reproche de notre insatisfaction.

«Tu ne sais pas t'y prendre avec moi.»

Elle nous contraint à lâcher la croyance que «l'autre sait mieux que moi». Elle nous prive de l'illusion que «l'autre devrait entendre ce que je ne dis pas».

Il est difficile de sortir du mythe que le plaisir nous est donné par l'autre, qu'il revient à notre partenaire de nous le faire rencontrer. Avant de devenir une communion possible, le plaisir est essentiellement personnel, il appartient à une histoire entre moi et moi, même si c'est par la médiation d'autrui qu'il s'actualise. Bien avant d'être partagé, embelli ou magnifié, il est un des langages de l'intimité avec soi-même. Oser envisager de me faire plaisir, sans vouloir à tout prix celui de l'autre.

Rencontre du plaisir, plaisir de la rencontre

La communication sexuelle est délicate et fragile, car elle s'inscrit dans une intimité inouïe: c'est une rencontre intracorporelle. Au-delà du dialogue peau à peau, c'est un échange de muqueuses à muqueuses, d'intérieur à intérieur.

Laisser venir l'autre au plus près de soi, le laisser pénétrer, franchir les frontières de son corps, cela n'est pas l'apanage de la femme; l'homme aussi peut se laisser remplir, et se sentir comblé, ou envahi.

Le plaisir est un soleil à géométrie variable, parfois profond comme si nous étions le centre de l'univers, d'autres fois fugitif, précaire et inconstant.

L'accès au plaisir est exigeant: il s'accommode mal des ressentiments que nous n'avons pas lâchés, il ne supporte pas les non-dits, il nous demande de cesser de nous punir et de renoncer à punir notre partenaire ou quelqu'un de notre histoire.

«Je ne m'autorise pas à m'octroyer du plaisir, pas encore, et cela me gêne que mon ami pense que c'est lui qui ne sait pas faire. Il s'est exclamé une fois: "Je n'y arriverai jamais avec elle!" et je me suis sentie niée. J'ai eu la tentation de faire semblant pour qu'enfin il cesse de me parasiter avec ses doutes sur lui-même, et sa demande que ma jouissance fasse la preuve de sa puissance à lui.»

«Il y a en moi un besoin de la mettre en échec, de ne pas la laisser prendre du pouvoir sur mon corps, et toute sa séduction ne fait que renforcer les résistances nées de mes rancœurs et de mes peurs.»

Le plaisir a besoin des alliés que sont la confiance, l'abandon et l'espérance, et il a des ennemis terribles: le jugement, la honte, la culpabilité, la crainte du ridicule, l'attente exigeante de sa venue.

Il y a parfois beaucoup de violence dans l'anticipation d'un plaisir «nécessaire».

«J'étais terrifié à l'idée que je pouvais échouer à lui donner du plaisir...»

«S'il ne concluait pas, je me sentais vraiment la dernière des incapables...»

Le plaisir a pour adversaires non seulement d'innombrables «il ne faut pas», mais encore tous les «il faut»: les angoisses de performances, les recherches de normes et de comparaisons. Certains confondent plaisir et prouesses, ou ils ont besoin de se croire les auteurs de l'orgasme de leur partenaire.

«Il faut atteindre l'orgasme de tel ou tel type, clitoridien, vaginal ou utérin, c'est le seul vrai!»

«Il faut que cela dure plus longtemps.»

«Il faut que la jouissance soit simultanée.»

Bien des femmes sont convaincues que chaque fois qu'un homme éjacule, il atteint le sommet du plaisir.

«Moi aussi, témoigne cet homme, je croyais que je vivais un orgasme quand j'éjaculais, et j'avais beaucoup de plaisir, j'étais très satisfait de ma vie sexuelle. Un jour j'ai découvert que l'orgasme pouvait être tout autre chose. Ça partait dans le dos, dans la tête, comme des vibrations d'ordre cosmique qui me dépassaient!»

Jaillissement féminin

Ceux qui ont lu des descriptions techniques au sujet du point G et ceux qui ont découvert le livre de Frédérique Gruyer[1] à propos de ce qu'elle nomme les femmes-fontaines peuvent adopter deux attitudes:

- se construire de nouvelles contraintes sous forme de performances à atteindre;
- s'ouvrir simplement à l'éventualité de découvertes possibles, mais pas obligatoires!

Frédérique Gruyer semble définir une catégorie de femmes qui réagiraient au plaisir par une forme d'éjaculation, que nous préférons nommer jaillissement féminin. De nombreux témoignages nous font penser qu'il ne s'agit pas d'une aptitude spécifique à certaines femmes, mais d'une potentialité commune à toutes, et qui fait l'objet de beaucoup de censures et d'ignorance.

Ce jaillissement féminin surprend par son abondance, sa générosité. Il est fait de ruissellement et de jets renouvelés dont la source paraît inépuisable, suscitant peut-être l'envie et l'émerveillement de l'homme dont l'éjaculation est limitée à quelques saccades, à quelques secondes. Il peut être vécu dans un abandon joyeux et bienfaisant, mais souvent il crée tout d'abord un malaise, chez la femme, chez l'homme ou chez les deux. Il sera parfois pris pour de l'incontinence par l'un et l'autre, qui s'effareront devant les draps inondés,

---

1. Frédérique Gruyer, *Ce paradis trop violent,* Éditions Laffont, 1984.

devant les ventres et les cuisses perlés de gouttes légères et transparentes.

«La première fois que cela m'est arrivé, j'ai eu peur, je croyais que ma vessie me lâchait.»

«Je redoutais par-dessus tout une descente d'organes, je sentais tout mon vagin agité de soubre-sauts incontrôlables et des vagues qui montaient et descendaient de mon ventre à mes cuisses...»

«La réaction de mon partenaire m'a bloquée pour de longues années quand il a dit, inquiet et ir-rité: "Mais qu'est-ce qui se passe, ça ne va pas, tu es malade?"»

La perception négative de ce phénomène, quand il appa-raît pour la première fois, peut l'inhiber au point de le faire disparaître et même oublier.

Le jaillissement féminin s'inscrit dans un état d'aban-don: oser lâcher prise, renoncer à retenir. Il donne l'impres-sion d'enfanter son propre sexe, de le laisser venir au monde. Cette expérience manifeste aussi une affirmation: devenir source et fontaine en étant suffisamment actif pour témoigner de l'offrande et non seulement de l'accueil. Car avant que le jaillissement survienne, le mouvement du sexe féminin s'in-verse. Il ne tente plus de recevoir l'homme en l'attirant en lui, il se propose au contraire par une poussée vers l'exté-rieur, un gonflement qui va à la rencontre de l'autre.

«J'avais peur de le mettre dehors, témoigne une femme, de l'expulser au lieu de l'enserrer, mais je sentais bien que par le mouvement d'attirer je fer-mais en moi des zones de plaisir. Quand j'ai parlé de cette crainte, mon ami a ri: "N'aie aucune inquié-tude, me disait-il, tu ne peux pas ainsi me chasser ou me mettre au dehors."»

Un mystère indicible

Le plaisir amoureux est une mobilisation générale de tout l'être pour la plus éphémère des créations: la jouissance et la jubilation. Il est un langage essentiel qui a peu de mots pour se dire, pour se décrire, et il reste ainsi une expérience mystérieuse et individuelle dont l'autre n'a pas vraiment connaissance.

«Entrer en amour, c'est voir les mots se dérober au profit de la sensation. Dans le plaisir, je deviens une terre d'amour...»

«Je voudrais tellement avoir accès à ce que ressent cette femme, savoir comment c'est pour elle, ressentir dans ma chair ce que ce corps si proche éprouve.»

«J'aimerais connaître les sensations que fait éprouver une érection, une pénétration active, j'ai de la peine à me représenter ce qu'un homme ressent, ce qui le fascine dans un corps de femme.»

Mais même dans l'union la plus intense, nous restons des êtres séparés, différents. Le plaisir de l'autre restera toujours un mystère inaccessible. Malgré une plus grande liberté d'en parler, la jouissance semble demeurer dans l'ordre de l'indicible.

Découvrir la vie de son propre sexe est déjà toute une aventure. Comment les femmes apprennent-elles que leur sexe change de couleur et de forme, qu'il bouge à l'intérieur, se rétrécit, s'adapte? Ce ne sont certainement pas leurs mères qui leur ont parlé de toute cette vivance interne!

Quelle relation les hommes entretiennent-ils avec l'autonomie de leur pénis, qui parfois semble mener sa vie sans se soucier de leur avis, ni des circonstances?

Le sexe échappe au contrôle, à la maîtrise, même quand on s'imagine y parvenir. Non qu'il soit tout-puissant, mais au contraire parce qu'il est vulnérable, imprévisible, spontané.

Le point de départ de l'art amoureux consiste à laisser notre sexualité être ce qu'elle est. Rire ensemble, par exemple, peut être un plaisir à la limite de la douleur qui s'apparente à l'orgasme.

La jouissance est émotion, et toute physique qu'elle soit, c'est une ivresse mentale et affective.

«Lorsque je laisse mon amant délaisser mon corps au profit de stimulations génitales, il m'arrive de vivre un orgasme puissant, mais je n'en reste pas moins insatisfaite affectivement. Aucun orgasme, aussi habilement amené soit-il, ne peut remplacer la tendresse passionnée, l'intérêt et l'affection que je désire.»

Le goût du bonheur

La sensualité est la saveur de la vie, elle est le privilège de ceux qui cultivent le goût du bonheur, cette aptitude à vivre la plénitude quand elle se présente et s'offre, c'est-à-dire dans des instants fugaces qui sont les épices du quotidien. Des petits moments fragiles où nous vivons vraiment l'instant, dans un éphémère qui rencontre notre étonnement et notre réceptivité.

Le sentiment amoureux ne peut se pratiquer qu'au présent, il s'égare en courant après un bonheur à venir, un bonheur qui serait permanent.

L'art du bonheur, c'est laisser rire en soi tous les plaisirs possibles, les cadeaux du présent, ceux qui nous invitent à entrer, à jouer et à participer. Pour découvrir l'imprévisible sous les habitudes, pour oser inventer une plus grande liberté d'être en déjouant les conditionnements et même les certitudes établies.

Chacun de nous possède, en plus de ses cinq sens physiques, des facultés merveilleuses et trop rarement utilisées: l'émotion, l'imagination, l'intuition symbolique, l'inspiration créatrice et la conscience universelle qui nous relie au divin.

Le plaisir nous semble être le carrefour de cette rencontre entre l'imagination et le réel, entre la conscience et l'émotion, entre l'intuition et le sensoriel révélé, entre la créativité des abandons, l'inventivité des gestes et le miracle de l'harmonie créée au présent.

À la cime du ciel

Entre oubli et enfance
j'ai engrangé ma vie.
Entre étoiles et désastres
j'ai navigué longtemps.
Entre cris et silences
je me suis égaré.
Entre peurs et espoirs
je me suis entendu.
Entre neige et printemps
j'ai laissé mes écorces.
Puis tu m'as accosté
à la cime du ciel
météorite d'azur
et je suis devenu
cette saison de toi
aux couleurs du jasmin.

Témoignages

Je n'arrivais pas à satisfaire mon mari. Chaque fois que nous faisions l'amour, je me sentais coupable comme s'il n'avait pas réussi à me donner du plaisir. Notre relation sexuelle s'était établie sur cette base implicite: il aurait été satisfait s'il avait pu constater que je vivais un orgasme. Et moi-même je n'y arrivais pas, mais j'étais très contente, j'aimais faire l'amour, c'était bon. Je goûtais à son corps, j'avais du plaisir à le sentir en moi et je ne demandais rien de plus. Mais pour lui, c'était terrible, il vivait notre relation comme un échec, il disqualifiait nos rencontres. Sitôt qu'il avait éjaculé il s'écartait avec colère, en criant presque: «C'est pas ça l'amour! Ça n'a rien à voir, je suis un vrai con.» À travers ces mots j'entendais: «Je suis un vrai con de rester avec quelqu'un d'aussi incapable d'avoir du plaisir.»

J'ai commencé à douter de moi, et j'ai tenté une première relation extra-conjugale. Ce fut le fiasco pour mon partenaire et, paradoxalement, cela m'a rassurée. J'ai voué à cet homme une gratitude infinie car en me montrant sa vulnérabilité, il m'a fait découvrir mes ressources. À partir de là, je m'envolai et c'est mon mari qui reste maintenant sur place avec sa petite éjaculation coléreuse et frustrée.

Je mène une double vie, bien compartimentée, je ne suis pas parvenue à concilier vie d'épouse et vie de femme.

***

La jambe de bois de mon grand-père a été le grand mystère de mon enfance. Il me faisait sauter sur son genou valide, «à dada bidet...», et je crois, j'en suis sûre même, que j'ai découvert le plaisir ainsi. Mon grand-père a dû s'en rendre compte car un jour il a cessé de jouer avec moi, préférant ma sœur plus jeune et plus légère, disait-il. À partir de là, chaque fois qu'il était dans sa salle de bain, j'ai cherché à voir cette fameuse jambe de bois, et c'est ainsi que j'ai découvert son

sexe, avec beaucoup de plaisir. J'ai toujours eu une grande affection, une tendresse émue pour le sexe des hommes que j'ai
rencontrés. Et je comprends mal le dégoût, la véritable aller-
gie de certaines de mes amies pour le sexe masculin.

***

Après vingt ans de mariage, j'ai découvert le plaisir. J'ai
accédé à la jouissance quelques jours après la mort de mon
père. Jusqu'alors, je croyais que j'étais frigide, et que de toutes façons je n'y arriverais jamais. Je ne sais pas exactement
comment cela s'est passé. Il me semble que mon mari a eu
des gestes plus prévenants, une attention plus tendre. Ce que
j'en comprends aujourd'hui, c'est que j'ai lâché une vieille
dette. Comme si je ne devais plus rien à mon père, comme si
j'avais enfin le droit de vivre pour moi-même.

***

C'est avec mon frère aîné que j'ai connu les premiers
émois et les sensations étonnées de mon corps. J'étais la plus
petite de trois enfants et Paul, l'aîné, me paraissait «hors famille». Il avait sept ans de plus que moi et son corps n'avait
jamais été une menace pour moi. Quand il s'approchait de
moi dans les moments creux de la vie familiale, tout de suite
circulait un accord, une liberté de gestes et d'abandons que je
n'ai retrouvés que rarement dans ma vie de femme. Il avait
une façon à lui de s'allonger contre moi, de poser sa tête sur
mon ventre en disant: «J'ai un secret pour toi.»

Aujourd'hui encore, à quarante-deux ans, cette phrase
que je me chuchote parfois suffit à m'inonder.

À l'époque de mes huit ans, je restais rigoureusement
immobile, vibrante d'intensité statique, et lui bougeait doucement, il chuchotait avec son corps. Ses érections m'émer-
veillaient, il y avait en moi une infinie tendresse à caresser sa
tête. Le temps semblait s'arrêter, l'air était plus chaud, plus
poivré.

Je ne suis jamais allée avec lui au-delà de ces longues caresses chatoyantes dans le clair-obscur de ma chambre ou de

la sienne. Ce fut lui qui arrêta le jeu avec l'apparition de Myriam, son premier amour.

J'ai gardé de cette initiation le goût des caresses longues, prolongées jusqu'au bord de l'extase.

***

J'ai osé dire à ma mère que je fréquentais un homme marié, à peine moins âgé que mon père. J'ai pu lui dire que j'avais du plaisir. Ma mère m'a dit que depuis quelque temps, elle ne pouvait plus s'abandonner car elle pensait à moi. Elle croyait que j'étais seule, que je n'avais pas de plaisir, et elle se bloquait, refusant d'avoir du plaisir pour elle-même puisque je devais «être malheureuse». Et quand je dormais à la maison, dans ma chambre à côté de la leur, elle osait encore moins.

Le lendemain de cette révélation, elle m'a dit presque rougissante: «Cette nuit, je me suis éclatée avec papa» (j'aurais préféré qu'elle me dise «avec mon mari!»).

Moi, j'étais très heureuse, je les avais entendus. Pendant le week-end on a parlé comme jamais à trois, ma mère, mon père et moi. Avec ma mère, je parle surtout du respect de soi et je l'invite à se respecter.

***

Je ne vis que des relations sexuelles cachées ou interdites, et je peux maintenant relier cela à un épisode qui a structuré mes attentes. J'avais sept ans et un soir un homme de quelque trente ans est venu à la maison avec sa mère, qui était une amie de mes parents. À un moment donné, nous nous sommes retrouvés seuls au salon, moi j'étais en chemise de nuit, lui m'a caressé le sexe, ses gestes étaient à la fois très doux et impersonnels, il a stimulé mon clitoris. Je découvrais le plaisir. Puis il m'a demandé de le toucher, j'ai refusé, je tremblais de peur que ma mère me surprenne. Il est devenu agressif et m'a obligée en tenant ma main.

J'éprouve encore aujourd'hui de l'angoisse en écrivant cela, et en même temps un soulagement à pouvoir me dire.

Chaque fois que j'ai du plaisir, c'est dans la honte, dans un sentiment de faute. Le regard lourd de ma mère semble me surprendre, me reprocher quelque chose. J'ai inscrit cela en moi dans un couplage plaisir-transgression. Cette notion de couplage me paraît essentielle pour mieux comprendre les difficultés, ou même les perversions, liées au plaisir. Un de mes amis m'a dit que pour lui le plaisir était associé à l'agression. Quand il avait dix-huit ans, il avait entendu une nuit un cri de sa mère et il était allé dans la cuisine prendre un couteau. Cette image l'a marqué très fortement.

***

J'étais un petit garçon assez joyeux, du moins je me vois comme cela sur les photos de l'époque. J'avais cinq ans, j'avais invité mon beau-père et ma mère pour la ronde «rions, rions ensemble». Ça n'a pas plu du tout! J'ai vu ce jour-là la tête de la désapprobation.

J'ai appris qu'il était préférable d'être triste dans cette famille. Aujourd'hui, quand mes enfants chahutent un peu ou sont trop joyeux, j'ai toujours comme premier mouvement de froncer les sourcils, de paraître pas content... Alors que j'aurais toutes les raisons de l'être. L'apprentissage du plaisir est à faire, partout, je me sens si constipé dans mes tentatives avec ma femme, avec moi-même, avec tous ceux que j'aime, le grave domine comme si c'était plus sérieux donc plus important.

***

À huit ans, j'étais gaie et sautillante. À cet âge, tout était plaisir. Un matin, je me le rappelle très bien, je me caressais les jambes écartées, le regard songeur, ma mère est entrée dans la chambre sans frapper, ce qu'elle faisait habituellement.

J'ai tout de suite remarqué sa bouche, sa bouche s'est pincée, son regard est devenu dur, opaque. Elle est restée sur le pas de la porte, elle a dit d'une voix sèche et mauvaise: «C'est sale ce que tu fais là, je n'aime pas ça.»

Et moi, tout de suite, j'ai associé le plaisir à la perte de l'amour. Avoir du plaisir, c'était risquer de ne plus être aimée.

Cette association plaisir-perte de l'amour, je l'ai entendue souvent avec des combinaisons multiples. Avoir du plaisir dans le domaine sexuel, c'est risquer de ne plus être aimée.

Et aujourd'hui encore, je ne prends pas ce risque.

***

J'appelle cela la ronde des plaisirs, car en effet je me les représente aux différents âges de ma vie comme une succession de rondes.

Aussi loin que je me souvienne, il y a d'abord les gros poutous de ma mère dans mon cou, sur mon ventre, sur mes fesses durant les toilettes. Et les rires-pleurs qui les accompagnaient.

À cette époque, je savais rire avec mon ventre, avec tout mon corps.

Puis il y a eu l'avion: «Papa, fais-moi tourner encore.» Plaisir mêlé de peur et de cette formidable assurance dans la force et la sécurité de papa.

Plus tard les jeux de cache-cache, plaisir d'être cachés, isolés à deux, serrés, peur et désir d'être trouvés ni trop vite, ni trop tard.

Plus tard encore les bousculades, les plaisanteries, les regards, les premiers baisers, les gestes furtifs retenus et osés. Les jeux de plage et de vacances. Et la danse, surtout la danse. Plaisir du corps ressourcé à la musique.

Et puis là, un trou, un grand vide, la notion de plaisir disparaît, ne fait plus partie de mon univers. Mariage et plaisir ne se marient pas ensemble. L'utilitaire, le pratique, l'urgence dominent. Je ne suis plus qu'une machine à résoudre des problèmes, à répondre aux besoins des autres.

Ah, j'oubliais le temps de l'allaitement! Plaisirs secrets, pleins, ronds partagés avec un petit à rassasier.

J'ai découvert le plaisir sur le tard, sur l'autre pente de ma vie. Avec une force inouïe, il a ressurgi dans mon corps, dans mes gestes, dans mes pensées. Je me suis remise à penser et à agir avec plaisir. J'en suis là pour l'instant.

★★★

«Seuls un poème, une prière au plus intime peuvent écrire le plaisir.»

J'avais déposé ces images au secret d'un journal que je poursuis, qui me poursuit depuis mon adolescence.

Un jour ma fille aînée à découvert quelques feuillets et m'a dit: «C'est super, tu m'as réconciliée avec beaucoup de choses, avec beaucoup de moi aussi.»

★★★

J'avais été une enfant joyeuse, rieuse. Nous étions de Bordeaux, et mon père disait quand je riais: «On va t'entendre jusqu'à Pampelune!» Et je levais aussitôt les yeux pour regarder le ciel, car je croyais que Pampelune était du côté de la lune.

Puis, vers mes six ans, mes rires ont disparu. Je crois que c'est avec la mort de ma grand-mère. La sécurité profonde qu'elle me donnait n'était plus là.

J'ai recommencé à rire avec Lionel, l'amour de ma vie.

★★★

X

Langage du divin

Quand un homme, une femme peut s'ouvrir
à travers l'écoute d'un autre, c'est un morceau
de Dieu qui se manifeste.
EUGEN DREWERMANN

Le mot désir vient du latin: *de sidera*. Cela signifie privé des étoiles, séparé des astres. L'expression est utilisée en français: «Veuillez me faire connaître vos desiderata» — ce dont vous regrettez l'absence, le manque. Quels sont vos désirs? Dans quel domaine vous sentez-vous privé d'étoiles?

Le mot sexe, quant à lui, veut dire coupure, section: nous ne sommes pas, ou plus, un entier androgyne. La parcelle de l'énergie universelle qu'est chacun de nous s'est incarnée dans une forme soit masculine, soit féminine. L'obscure nostalgie que nous ne comprenons pas en nous est-elle souvenir de l'être total qui fut scindé en deux, et intuition du vide immense laissé par la scission? De cette séparation proviendrait l'attraction sexuée. L'instauration du couple et l'insatiable recherche de certains tenteraient en vain de combler la béance.

Toutes les traditions nous disent que la finalité de l'être humain, son aspiration unique, à partir de laquelle se particularisent nécessairement et foisonnent tous les autres désirs, est d'aller à la découverte de son propre centre caché, lieu des retrouvailles avec l'unité perdue.

Les êtres réalisés, les sages qui ont atteint en eux l'état de Bouddha, ceux qui comme saint Paul peuvent dire: «Ce n'est plus moi qui vis, c'est le Christ qui vit en moi», ceux-là ont rejoint leur étoile intérieure: ils ne sont plus coupés, ils se sentent profondément reliés, ils vivent une félicité sans désirs.

S'interroger sur le mystère du désir et sur la recherche du bonheur, c'est reconnaître que tout désir est lié au manque, c'est ouvrir une porte à la quête des humains, à leur mouvement vers l'inaccessible.

Ceux qui acceptent de regarder vraiment à l'intérieur d'eux-mêmes découvrent, parfois à l'issue d'une longue errance, que leur aspiration essentielle est orientée vers le divin.

La désespérance et la violence seraient l'abandon de cet espoir. La dépression également se vit parfois comme l'état sans désir de celui qui, n'ayant pas trouvé, n'ayant rencontré que le dérisoire, l'absurde ou le mortifère, renonce à chercher.

L'amour et la sexualité peuvent participer aux cheminements multiples de cette quête d'être nourri d'éternité, de cette recherche de sortir de la dualité pour retrouver la totalité, l'unité.

Il nous semble que l'amour humain et la communication sexuelle nous offrent trois dimensions principales dans la poursuite d'une spiritualisation de la vie et d'une réalisation de soi.

Des difficultés et des élans

En même temps que les bonheurs qui nous attirent, nous retiennent, nous font sans cesse y revenir, la voie du couple et des rencontres sexuelles nous propose — qui le nierait? — des difficultés. Elle nous confronte de façon renouvelée à des interrogations essentielles, à des choix de vie, et nous donne généreusement des occasions de luttes avec nous-même et avec l'autre, de luttes avec l'ange et avec les démons.

Ces combats intérieurs et extérieurs sont favorables à certaines acquisitions de conscience. Pour connaître mieux tous les aspects de moi-même, pour repérer ce qui me touche fortement et me centrer là-dessus, quel puissant moyen que l'intensité du bonheur et du malheur amoureux! Que d'éveils, d'accomplissements sur ces deux versants!

Le principe de l'amour, c'est l'ouverture. L'attirance entre deux êtres, entre l'homme et la femme, l'amour sexualisé et les échanges qui s'y rattachent seront les reflets déformés ou fidèles de l'essence de l'amour: ils ouvrent au pire et au meilleur.

Aimer exerce une action de transformation de soi, encore plus forte peut-être que celle d'être aimé. Le parcours de la relation à deux, toujours plein d'embûches, répond au besoin de chacun de se développer par des transformations constantes. Le mal-être est un levier, il stimule l'urgence d'une recherche, car tout processus d'apprentissage est lié à des problèmes à résoudre, à des dépassements à vivre.

La relation d'amour, qu'il ne faut pas confondre ici avec l'état amoureux, nous oblige à reconnaître que nos désirs multiples ne seront jamais comblés par l'autre, ni les siens par nous. Et les réactions de cet autre nous aident grandement à prendre conscience de nos ombres et de nos fragilités, comme aussi des élans et des tendresses en nous. Nous sommes acculés à entendre que le mal ne vient pas des autres, mais de nos propres manques, de notre attente toujours déçue que la complétude nous vienne de l'extérieur, nous soit procurée par des biens — oui, ce sont réellement des biens — matériels, sensoriels, affectifs, esthétiques, honorifiques, moraux ou intellectuels, apportés ou offerts par autrui ou par les circonstances.

La souffrance, si elle n'est pas utilisée comme un moyen de s'enterrer, de se détruire ou de régresser durablement à des états d'être inférieurs, nous aide à grandir. Comme les tribulations, les épreuves, les combats et les sacrifices apprenaient aux chevaliers à se connaître et à se surpasser dans leur quête du Graal.

C'est à la fois par la douleur et par le plaisir que l'expérience de l'amour humain peut nous guider vers des aperçus de l'amour pur, de l'amour-en-soi, c'est grâce à la souffrance de la dysharmonie que nous nous représentons l'harmonie et aspirons à l'unité.

Le paradoxe — il y a toujours paradoxe dans les tentatives d'unification des opposés, de résolution des tensions entre polarités contraires — est que la relation sexuée est à la fois un moyen d'affermir et de construire son moi individualisé, son identité féminine ou masculine (en lui donnant sa juste place, en ne l'asservissant pas en fonction de l'autre, en se définissant sans relâche) et de le dépasser, voire de le transcender par un mouvement spontané d'expansion (l'autre m'est conjoint, il est aussi moi, partie de moi, un amour nous unit et nous englobe).

L'amour fait peur, il menace notre ego par une énergie qui échappe à son contrôle, et en même temps, il conforte le besoin de reconnaissance personnalisée de notre moi humain.

Des états de grâce

Parfois la rencontre sexuelle, dans son éphémère, permet ces retrouvailles éclatantes qui nous relient au divin. Par un éveil d'une incroyable acuité, faire l'amour devient un acte sacré où se rencontrent les dieux et les déesses en gestation qui nous habitent. Avec parfois le chagrin et l'amertume de savoir que notre existence sera trop courte pour donner vie et laisser s'épanouir, s'accomplir ou simplement se révéler toutes ces divinités.

Quand l'union sexuelle fait danser ensemble la joie de chacun, l'un et l'autre deviennent un dieu lumineux et une déesse splendide accueillant le commencement du monde. Par nos sens, par tout l'arc-en-ciel de nos émotions, nous rejoignons l'énergie principielle à laquelle nous appartenons, comme si des entrailles de l'expérience corporelle et émotive émergeait l'esprit, comme si un accord prodigieux nous faisait basculer dans une dimension autre, nous transcendait et devenait symbole de la réunification au tout.

Des mystiques, des poètes et troubadours, de même que le Cantique des Cantiques empruntent les mots de l'ivresse amoureuse pour exprimer leur ivresse de Dieu, pour témoigner de l'allégresse d'avoir rejoint sa source intérieure, pour chanter et glorifier l'union. C'est dire combien l'une peut être le reflet de l'autre, reflet diminué, troublé, partiel, confus et surtout fugace, instant fugitif de complète unisson qui nous donne accès à un état de grâce.

Ces éclats de vision nous incitent à poursuivre notre quête de la source de toute conscience qui est à l'origine de la vie manifestée, en nous révélant le divin au cœur de la matérialité existentielle, en nous dévoilant que le contact avec l'invisible peut se faire à travers le visible.

Innombrables sont ceux qui ont comparé l'orgasme à une petite mort. La jouissance nous fait rejoindre l'éternité et la plénitude perdue dans le temps d'un éclair; elle nous concentre entièrement dans le présent, et par là abolit le temps, l'espace, et les polarités. Au contraire, l'énergie du désir, elle, ne concerne que l'à venir. La connaissance par l'union sexuelle peut ainsi faire disparaître le moi-je, en nous transportant hors de nous-mêmes pendant quelques secondes. Il arrive que ces moments intenses d'érotisme et d'abandon nous permettent ainsi d'accéder à ce royaume de lumière et d'énergie au-dedans de nous, par l'expansion illimitée et la dissolution passagère des frontières du moi.

C'est ce besoin essentiel de franchir les limites du personnel pour sentir une immensité pressentie qui sous-tend notre quête amoureuse. Quête de l'attirance passionnelle qui peut aussi s'égarer et se dévoyer en se réduisant aux limites de son objet humain, en oubliant que c'est d'une rencontre avec soi-même qu'il s'agit.

Hubert Reeves nous rappelle que nous sommes des poussières d'étoiles éclatées et perdues dans ce coin de l'univers. Des instants magiques de rencontre-fusion nous projettent par une implosion jusqu'aux rires stellaires, éveillent un goût de retrouvailles, et nous font rejoindre à la fois l'espoir et la crainte d'un retour à nos origines.

Harmoniser en soi les principes masculin et féminin

La troisième dimension que peut favoriser la voie de la communication sexuée serait de permettre à chacun de s'ouvrir davantage à la double dimension masculine et féminine en lui, à condition que les polarités ne se fixent pas dans des rôles stéréotypés.

Les deux principes demandent avec insistance à être reconnus en chaque homme et en chaque femme[1].

La médiation de l'autre et ses différences, si nous savons les accueillir et entendre leurs résonances en nous, nous aide à développer notre androgynie essentielle. Elle nous permet de marier en soi le besoin féminin de conservation de la vie, qui incite à inscrire la sexualité dans une relation viable et durable, et la créativité dansante et multiforme, la quête d'individuation, de distinctions et de volonté autonome du principe masculin. Ainsi, nous pouvons concilier le sens de l'intériorité, la réceptivité fluide qui permet d'être fécondé, le dépouillement sacrificiel de se donner entièrement attribué aux déesses mères de la vie et de la mort, et la force animatrice, active et expansive de l'énergie masculine[2].

Si nous croyons que chaque homme et chaque femme est un être unique porteur de toute l'espérance humaine, si nous reconnaissons que chacun à sa façon participe de manière visible et invisible à l'alchimie secrète de l'univers, alors nous pouvons entendre que la communication sexuelle dans son essence unit tous les aspects physiques, énergétiques, affectifs, mentaux et spirituels de nous-mêmes, et nous invite à retrouver les parties de soi égarées, oubliées ou voilées.

---

1. «Dans son dessin, le visage rend aussi compte du mariage des deux polarités, féminine et masculine. Si nous le scrutons, la partie inférieure du visage est féminine et rappelle les organes génitaux de la femme: les trompes d'Eustache relient chaque oreille à la bouche comme, au niveau génital, les trompes de Fallope relient chaque ovaire à l'utérus.

«La partie supérieure du visage rappelle les organes génitaux de l'homme: le nez correspond au pénis et les deux yeux aux deux testicules.»

Annick de Souzenelle, *Le symbolisme du corps humain*, Éditions Dangles, 1984.

2. Paule Salomon, dans *La femme solaire* (Éditions Albin Michel, 1992), a développé magnifiquement les prolongements d'une telle rencontre.

Si nous croyons que chacun est dépositaire d'une part d'amour universel qu'il peut accueillir ou agrandir, alors nous pouvons sentir que la relation sexuelle dans son mouvement et son vertige ascendant nous relie au sacré de la vie, à ce qui ne se divise plus, à l'absolu.

Donner sa chance à l'instant

Avec toi
je sens le temps de la durée.
Avec toi
j'ouvre chaque seconde comme une éternité et
plonge incandescent dans le ventre opulent de l'instant.
Avec toi
dans l'éclair de tes yeux je retiens l'infini
pour en faire un présent.
Avec toi
le manque s'abolit aux confins du futur
pour devenir aimance.
Avec toi
c'est la mer retrouvée à jamais, c'est la vague fluide des rires,
l'ondulance du plaisir.
Avec toi
j'unifie l'univers.
Avec toi
je détiens une bribe d'absolu pour distancer la mort.
Et dans l'inespéré d'un seul geste
je prolonge l'espace et le temps
aux rives d'une naissance.
Avec toi
je reçois la vie dans les bras du soleil.

Témoignages

C'es au cœur d'une relation sexuelle que la sensation du divin est devenue pour moi — et définitivement — l'évidence même.

Et c'est peu de le dire; car il n'y a pas de mot, c'est bien connu, pour en parler vraiment. Quel dommage et que de malentendus! Ce que je sais, c'est que j'ai compris cette nuit-là après quoi courait le monde: que ce n'était pas pour quelques frottements ni quelques secousses agréables que les humains se débattaient dans toutes leurs complications passionnelles. C'était pour ça, ou même seulement pour l'espoir de ça; et que ça devenait légitime, et que, frustrés de ça, ils ne pouvaient que faire la guerre.

FRANÇOISE JÈZE
dans *Libido et Saint-Esprit*
Palingenèse
Septembre 1989

***

Pour tenter de mettre quand même quelques mots approximatifs sur l'indicible, je me fais cette image: il y a en moi, et en chacun, une joie sans nom, prisonnière sous une couche opaque. Comme le soleil caché par un amas de nuages. J'ai vécu certains instants et cela a été plusieurs fois dans un transport amoureux, où une sorte de déchirure, une percée dans ce voile compact m'a révélé ce qui était là. Je ne sais pas d'où vient l'expression septième ciel, je vois cela comme un autre plan de conscience dont je me sens le plus souvent exilé. Les lueurs de conscience qui m'en ont été données font vivre mon désir d'éprouver davantage cette présence.

***

Pendant les longues années de ma relation avec un homme volage et fidèle, je me suis sans cesse tourmentée avec ce dilemme: vais-je sortir de cette histoire dont la forme me correspond mal, et ainsi jeter le merveilleux en même temps que la merde?

Un thérapeute m'a dit — il était jungien: «La merde surgit pour être transformée, c'est cela que les alchimistes nomment l'Œuvre au noir.»

***

À quarante et un ans, je suis tombé amoureux dans un éblouissement fulgurant qui m'a ouvert... au sens du sacré. J'avais toujours affirmé, de toute ma conviction d'homme religieux, que le mariage était sacré. Mais l'avais-je vraiment ressenti?

Tout l'équilibre familial a été rompu, et moi je ne savais plus où était le bien et le mal, où était le courage, où était la voie du cœur... Je découvrais avec malaise que cette voie du cœur avait plusieurs directions. Un chemin aimant, qui allait vers mes enfants, vers cette femme qui était la mienne, et cet amour nouveau, scintillant, ouvert comme un abîme.

J'ai choisi l'appel de cet amour.

***

Je l'ai rencontré à vingt ans, il était mon professeur.

En me livrant tout entière à lui comme à une idole, je pressentais qu'il me donnerait la possession de moi-même et du monde. Je le divinisais comme pour avoir accès au divin en ayant accès à lui. Mais il n'avait pas les moyens d'une telle transcendance, moi non plus, et notre cheminement a été tout différent, très laborieux et terrestre, bien qu'émaillé d'instants de grâce. Je peux cependant témoigner que ce coup de foudre, en s'inscrivant dans une longue relation, m'a permis de rencontrer en moi autant de forces obscures et quasi démoniaques (surtout l'envie, l'angoisse, la possessivité, la jalousie) que d'enthousiasmes créatifs. J'ai beaucoup travaillé tout cela; non, j'ai plutôt été travaillée et labourée par tout cela.

***

Ce qu'il y avait d'extraordinaire quand j'étais totalement amoureux — cela n'a pas duré longtemps — c'est que tous les personnages disparates et contradictoires qui me composent s'étaient mis d'accord. Ils étaient tous pris dans une urgence, une intensité et une nécessité: la voir le plus souvent possible!

***

J'ai déjà pressenti que l'amour physique, quand il s'investit dans une personne aimée, quand il s'agrandit dans l'amour de l'autre, pouvait me relier au divin, c'est-à-dire à l'unité, à une totalité. Qu'il me réconciliait avec le profane terre à terre et avec les mythologies les plus anciennes, qu'il m'ancrait dans le ciel et m'ouvrait à l'extatique.

En amour, nous sommes possédés et nous possédons.

L'amour, parce qu'il est fondamentalement transgression, tente de se contenir, de se baliser dans des règles sociales, l'exogamie, des règles de parenté, le mariage. Il cherche un contenant pour ses propres débordements. J'imagine que chacun découvre un jour à la fois la puérilité et la nécessité du contenant.

***

Quand je me sépare d'elle, je vis l'intense et je me rattache à l'éternité. Dans ce moment-là, je fais le plein d'elle. Je m'enracine encore plus dans le vivant. À l'instant de se quitter, je prends la mesure de l'amour qui me lie à elle.

Dans la rencontre, je suis dans le mouvement, l'élan, la mutation. Elle me fait devenir ce que je suis. Dans la séparation, je me sens si vivant, dense de partout, agrandi et solide, multiplié. Je redeviens quête. À l'écoute du soleil et des vents, sensible à la terre.

Au-delà de la brièveté de la rencontre, restera la force de la séparation qui me conduira à de nouvelles retrouvailles.

***

Mon évolution a été de l'accepter comme il était, comme il devenait. Dans l'ardeur du printemps ou le calme d'une tendresse automnale.

Ce que je sais et je sens, c'est que j'existe. Tout au long de ce chemin conjugal traversé par un silence apparent et crié par tant de langages souterrains, s'est joué un changement dans la perception de mes attentes. Il ne s'agit pas de détachement mais d'approfondissement.

À aucun moment, je n'ai douté de la fraîcheur de mon amour, de l'abondance du sien. Vivre à deux et se proposer les possibles d'un amour au présent, quelle aventure!

***

L'homme seul n'a qu'une moitié d'imagination; avec la femme, il en a une entière.

PARACELSE

* * *

L'âme a deux visages dont l'un est tourné vers le Ciel et l'autre vers la Terre.

MAÎTRE ECKHART

* * *

Le feu désir est allégresse dans la libre volonté, mais dans les ténèbres il est source de souffrances aiguës.

JACOB BOEHME
Signatura Rerum

* * *

Ce n'est que dans la mesure où l'on communique avec soi-même que l'on peut communiquer avec l'autre à l'extérieur. Cet «autre extérieur» est toujours représentatif de «l'autre intérieur» à soi. L'accepter dans sa totale différence, c'est s'accepter soi-même. Seule cette vraie communication nourrit l'amour. Lorsqu'elle n'existe plus, l'amour meurt.

ANNICK DE SOUZENELLE
Nouvelles clés, mai-juin 1992

* * *

Les oppositions entre le ciel et la terre, entre l'esprit et la nature, entre l'homme et la femme, par leur action compensatoire, sont à l'origine de la création et de la propagation de la vie.

YI KING

Table des matières

Aubin Imprimeur
LIGUGÉ, POITIERS